JN034075

フォーラム・A

はじめに

こんにちは。樋口万太郎です。

『国語アクティビティ200』を手に取っていただき、ありがとうございます。本書は、国語の授業で楽しく取り組め、力がつくアクティビティ（あそび）を紹介しています。

突然ですが、みなさんは子ども時代、国語の授業は好きでしたか。

ある調査の小学生の好きな教科、嫌いな教科ランキングでは

「好きな教科」２位、「嫌いな教科」２位という結果を残しました。

このことからわかるように、国語は好き嫌いがはっきりしている教科です。

小学生時代の樋口少年はどちらかといえば好きな教科でした。しかし、

「漢字を10回練習しないといけない」

「漢字テストの間違い直しをテストの裏に５回しないといけない」

「音読の宿題が毎日ある」

といった活動や宿題には、大いに不満がありました。

考えてみてください。なぜ漢字を覚えるために10回練習しないといけないのでしょうか。３回や５回ではダメなのでしょうか。

塾で先行学習をしていた樋口少年にとっては、すでに覚えている漢字を宿題で10回も書かされることが、とても苦痛でした。

いつも適当に書き、休み時間や放課後に残され、直しをさせられていたことをいまだに覚えています。１回書けば十分だと思っていました。

さらに、漢字テストの間違い直しをテストの裏に５回書かなくてはいけないというルールには、「５回書かないといけない証拠を見せてほしい」と思っていました。

音読の宿題も学年が上がると文章量が増えていきます。全文読むのが苦痛で

仕方ありませんでした。毎日、「何のために毎日音読しないといけないの⁉
音読の宿題だけでめっちゃ時間かかるよ」という思いでいっぱいでした。

そこで、当時の担任の先生に聞いてみました。嫌な子どもですね（笑）
でも、先生からの返答には、明確な理由はありませんでした。「これまでもみんなしてきた。だから、樋口くんもしなさい」といった悪しき伝統のような話や、根性論・精神論ばかりで納得できない話ばかりでした。

こんな樋口少年のような子は、みなさんのクラスにはいませんか。私はどのクラスにもいると思っています。いないと思うのであれば、よほどその子が我慢しているか、言っても改善されないとあきらめているか、ひょっとしたら先生に子どものことが見えていないという可能性があると考えています。

なぜ、漢字を覚えるために10回練習しないといけないのか。
なぜ、漢字テストの直しを５回書かなくてはいけないのか。
なぜ、宿題の音読で全文読まなくてはいけないのか。
これらをすることで「できる」というエビデンス（証拠・根拠）があるのでしょうか。みんなが漢字を10回練習して覚えることができるのなら、学力差なんかありません。

そんなことは、みなさんも気づいているはずなんです。でも、どうして止めることができないのでしょうか。
それは、「他の指導方法を知らない」からではないでしょうか。だから、自分が小学生時代に受けて嫌だった指導も、目の前の子どもにしてしまう。嫌な指導の再生産です。嫌な指導の再生産はどこかでストップしないといけません。

執筆するときに、樋口少年のような子が少しでも楽しめるように、力がつくようにと意識しながら、国語アクティビティ200をまとめました。
ぜひ、みなさんの教室で一度国語アクティビティに、取り組んでみてください。

樋口万太郎

国語アクティビティとは

本書で紹介している国語アクティビティとは、単なるゲームや遊びではありません。単なるゲームや遊びなら、国語の授業で行う必要はありません。休み時間にすればいいのです。

国語アクティビティとは
「国語の授業に行う、子どもが楽しく取り組める国語の活動」のことです。
国語ゲームではなく、国語アクティビティです。
ゲームは「勝敗」がメインになりがちですが、国語アクティビティは、「子どもたちの国語に関する力を育てる」こと、「国語の学習やねらいに結びつけ、活発に活動する」ことをメインとしています。
悪しき伝統のような話や根性論・精神論の活動ではなく、しっかりとした「ねらい」を持った活動です。

国語アクティビティによって、子どもたちは、

「学ぶ（見る・聞く・書く・考える）
＋遊ぶ（手を動かす、体をつかう、声に出す）
＝より深く国語の力が身につく」

ことができます。楽しく、国語の力がつくなんて最高だと思いませんか。

収録したアクティビティの多くは、
「誰でもすぐ取り組める」
「準備時間があまり必要ない」
「子どもたちの国語の力がアップする」
「子どもたちの笑顔を見ることができる」
「子どもの心をつかむことができる」
というものばかりです。

ぜひ、目の前の子どもたちの実態に応じて取り組んでみてください。

取り組むときに４つのお願いがあります。

１つ目は、国語アクティビティを行っているときに、騒がしくなっても叱らないでください。これは「教育的ざわめき」です。「自分のクラスは落ち着きがない」と焦ってしまうかもしれませんが、これは一生懸命に取り組んでいる証拠です。叱らず、見守ってあげてください。

２つ目は、ルールを伝える時間をできる限り短くしてください。「アクティビティを行っていく中で、ルールについて理解していく」、そのような感覚で構いません。「ちゃんとわかっているかな？」と心配する気持ちはわかりますが、ルール説明に時間をかけすぎないようにしましょう。

３つ目は、１回のアクティビティで思ったような効果が得られなくても、すぐにやめないでください。最低３回は行ってみてください。（３回チャンスをください！）子どもたちが慣れて、うまくいくようになり、効果も得られるようになります。

４つ目は、ルールはどんどんアレンジをしていってください。本書に掲載されているのは、あくまで一例です。目の前の子どもたちの実態に応じて、どんどんアレンジをしてください。子どもたちとルールを作ることも盛り上がることでしょう。自分オリジナルの国語アクティビティを作ってください。

第1章 漢字

第2章 漢字ゲーム

第3章 音読

第4章 言葉

第5章 話す・聞く

第6章 書く

第7章 読書・図書室

第8章 読解力

本書の使い方

① 分類

どの学習で実施するのが有効かを示しています。

② 学年

対象となるおおまかな学年を示しています。対象学年より上の学年で取り組んでも盛り上がること間違いなしです。

③ アクティビティ名と番号

アクティビティの名前です。番号は1から200までの通し番号となっています。

④ 人数・場所・時間・準備物

実施する際の目安となる情報を示しています。目安となる「人数」「時間」「準備物」と、好ましい「場所」を示しています。

⑤ めあて

ねらいや、どんな力を育てることができるのかがわかります。

⑥ 学習へのつながり

アクティビティをどう学習につなげることができるのかを示しています。

⑦ タイミング

アクティビティを行うのに好ましいタイミングを示しています。ご自身がやりやすいと思ったタイミングで行ってください。

⑧ 進め方

進め方と声かけの例を載せています。
進める際の参考にしてください。

⑨ ワンポイント

アクティビティを行う際の大事なポイントや注意する点を示しています。

⑩ アレンジ

本書の特長ともいえるポイントです。
基本の形にアレンジを加えることにより飽きさせず、取り組むことができます。

⑪ 教師の目

アクティビティを行っている際の「教師の」動き方、言葉かけ、評価のポイントを載せています。教科としての取り組みとするためのポイントを示しています。

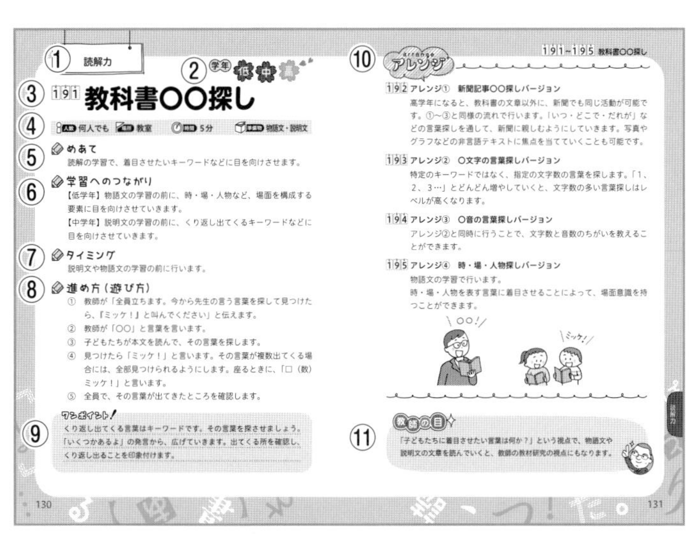

① 読解力

② 学年 低 中 高

③ 191 教科書〇〇探し

④ 人数 何人でも　場所 教室　時間 5分　準備物 物語文・説明文

⑤ めあて

読解の学習で、着目させたいキーワードなどに目を向けさせます。

⑥ 学習へのつながり

【低学年】物語文の学習の前に、時・場・人物など、場面を構成する要素に目を向けさせていきます。

【中学年】説明文の学習の前に、くり返し出てくるキーワードなどに目を向けさせていきます。

⑦ タイミング

説明文や物語文の学習の前に行います。

⑧ 進め方（遊び方）

① 教師が「全員立ちます。今から先生の言う言葉を探して見つけたら、『ミッケ！』と叫んでください」と伝えます。
② 教師が「〇〇」と言葉を言います。
③ 子どもたちが本文を読んで、その言葉を探します。
④ 見つけたら「ミッケ！」と言います。その言葉が複数出てくる場合には、全部見つけられるようにします。座るときに、「□（数）ミッケ！」と言います。
⑤ 全員で、その言葉が出てきたところを確認します。

⑨ ワンポイント！

くり返し出てくる言葉はキーワードです。その言葉を探させましょう。「いくつかあるよ」の発言から、広げていきます。出てくる所を確認し、くり返し出ることを印象付けます。

130

191～195 教科書〇〇探し

⑩ arrange アレンジ

192 アレンジ① 新聞記事〇〇探しバージョン

高学年になると、教科書の文章以外に、新聞でも同じ活動が可能です。①～③と同様の流れで行います。「いつ・どこで・だれが」などの言葉探しを通して、新聞に親しむようにしていきます。写真やグラフなどの非言語テキストに焦点を当てていくことも可能です。

193 アレンジ② 〇文字の言葉探しバージョン

特定のキーワードではなく、指定の文字数の言葉を探します。「1、2、3…」とどんどん増やしていくと、文字数の多い言葉探しはレベルが高くなります。

194 アレンジ③ 〇音の言葉探しバージョン

アレンジ②と同時に行うことで、文字数と音数のちがいを教えることができます。

195 アレンジ④ 時・場・人物探しバージョン

物語文の学習で行います。
時・場・人物を表す言葉に着目させることによって、場面意識を持つことができます。

⑪ 教師の目

「子どもたちに着目させたい言葉は何か？」という視点で、物語文や説明文の文章を読んでいくと、教師の教材研究の視点にもなります。

読解力

131

第1章

漢字

この章では、「漢字」のアクティビティを集めています。多くの子どもたちが苦手としている漢字。ただ書くだけの漢字練習にもう子どもたちはあきあきしています。楽しい漢字練習を子どもたちとしませんか。

001 〇書き練習～からだ編～

人数 何人でも　場所 教室　時間 5分　準備物 漢字ドリル

めあて

漢字練習をアクティブに取り組むことができ、漢字を覚えます。

タイミング

授業のはじめ、新出漢字の学習時に行います。

進め方（遊び方）

① 教師が、「頭書き練習をします、せーの」と声かけをします。

② 全員で「1、2……」と言いながら、頭で漢字を大きく書きます。（席に座ったままでも、立った状態でも構いません）

③ ②を時間まで、何度もくり返します。

ワンポイント！

とにかく盛り上がります！

「そんなことで覚えることができるのか？」と、思われた方もいるかもしれません。ここで大切なことは、いやいや何度も漢字を書く練習ではないことです。いやいや書いても、なかなか覚えることができません。また、1画1画を確かめながら書くことができます。

002 アレンジ① 足書きバージョン

①②をアレンジします。

① 教師が、「足書き練習をします、せーの」と声かけをします。

② 席に座ったまま「1、2……」と言いながら、足で漢字を大きく書きます。

003 アレンジ② 逆の手書きバージョン

①②をアレンジします。

① 教師が、「逆の手書き練習をします、せーの」と声かけをします。

② 席に座ったまま「1、2……」と言いながら、利き手と逆の手で鉛筆を持ち、ノートに漢字を書きます。

004 アレンジ③ へそ書きバージョン

①②をアレンジします。

① 教師が、「へそ書き練習をします、せーの」と声かけをします。

② 席を立った状態で「1、2……」と言いながら、おへそで漢字を大きく書きます。

005 アレンジ④ お尻書きバージョン

①②をアレンジします。

① 教師が、「お尻書き練習をします、せーの」と声かけをします。

② 席を立った状態で「1、2……」と言いながら、お尻で漢字を大きく書きます。

教師の目

学年が上がるにつれて、恥ずかしがる子もいるかもしれません。
また、身体的理由で取り組めない子もいるかもしれません。
クラスの実態にあわせて、無理に取り組まないようにしましょう。

学年 低 中 高

006 ○書き練習～おもしろ編～

人数 何人でも　場所 教室　時間 5分　準備物 漢字ドリル・ノート

めあて

漢字練習をアクティブに取り組むことができ、漢字を覚えます。

タイミング

授業のはじめ、新出漢字の学習時に行います。

進め方（遊び方）

① 教師が、「漢字の練習をします、せーの」と声かけをします。

② 全員で「ワン、ツー、……」と、英語で書き順を言いながら漢字を書いていきます。

③ ②を時間まで、何度もくり返します。

ワンポイント！

10画以上は、わからない子も増えてむずかしくなります。クラスで教え合うことで、外国語活動にも役立ちます。

007 アレンジ① 中国語書きバージョン

②をアレンジします。

② 「イー、アル……」と、中国語の数え方で書き順を言いながら漢字を書いていきます。

008 アレンジ② ロックンロール書きバージョン

②をアレンジします。

② 「ワン、ツー！」「ワンツースリーフォー！……」と、ロックシンガー調に書き順を言いながら、漢字を書いていきます。

009 アレンジ③ サイレント書きバージョン

②をアレンジします。

② クラス全員で何もしゃべらずに、ただただ静かにアイコンタクトをとりながら、漢字を書いていきます。

010 アレンジ④ ハーモニー書きバージョン

①②をアレンジします。

① 「高い声」で言う子と、「低い声」で言う子に分けます。

② 教師の「せーの」のかけ声で、「１、２……」と、高い声と低い声で合わせて書き順を言いながら漢字を書いていきます。

011 アレンジ⑤ ○書き練習～超高速書き～

①②③をアレンジします。

① 教師が、「漢字の練習をします。よーい、ドン」と声かけをします。

② 制限時間内にできる限り、超高速で何度もノートに漢字を書きます。

③ 時間がきたら、何個書けたか調べて記録します。

漢字

学年 低 中 高

012 サイレント書き練習

人数 何人でも　場所 教室　時間 3分　準備物 漢字ドリル・ノート

めあて

漢字練習をアクティブに取り組むことができ、漢字を覚えます。

タイミング

新出漢字学習、漢字練習時に行います。

進め方（遊び方）

① 漢字ドリルやノートを用意します。

② 教師が、「今から、サイレント書き練習をします。鉛筆で書く音も出ないくらい静かに３分間書きましょう」と言います。

③ ３分間、静かに漢字を書きまくります。
（鉛筆で書く音も出さずに、とにかく「サイレント状態」にします）

④ 時間がきたら、書くのを止めます。

サイレントにしようと、１画１画音を出さずに書こうとします。
そのため、１画１画の筆順を意識して書くことができます。

学年 低 中 高

013 目をつぶって漢字練習

人数 何人でも　場所 教室　時間 5分　準備物 漢字ドリル・ノート

めあて

漢字練習をアクティブに取り組むことができ、漢字を覚えます。

タイミング

新出漢字学習、漢字練習時に行います。

進め方（遊び方）

① 漢字ドリルやノートを用意します。
② 教師が「これから目をつぶって漢字練習をします。３分間で学習してきた漢字をできるだけていねいに、たくさんノートに書きましょう」と言います。
③ ３分間、目をつぶり漢字を書きます。
④ 時間がきたら、目を開け、漢字として読めている字は何個あったかを数えて記録します。

教師の目

目を閉じて書くため、１画１画正確に書こうとします。
そのため、１画１画の筆順を意識して書くことができます。

漢字

学年 低 中 高

014 NOT終わりの画書き

人数 ペア　場所 教室　時間 5分　準備物 A4の紙

めあて

漢字に興味を持ち、自分から進んで漢字練習をするようになります。

タイミング

朝の時間やすきま時間、新出漢字の学習時に行います。

進め方（遊び方）

① ペア（2人組）になります。

② ペアに紙を配ります。

③ 教師が漢字を伝えます。
例「角」

④ 紙に1画もしくは2画書いたら、相手に交代します。

⑤ ④をくり返して、最後の画を書いた人が負けです。

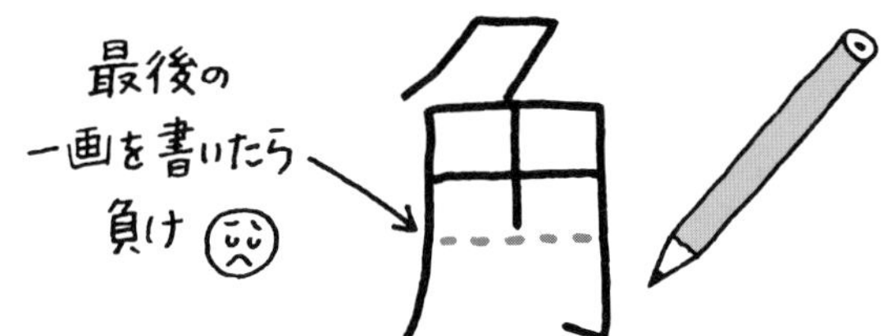

漢字

学年 低 中 高

015 教科書 下漢字練習

人数 何人でも　場所 教室　時間 5分　準備物 教科書・ノート

めあて

漢字練習をアクティブに取り組むことができ、漢字を覚えます。

タイミング

授業冒頭の時間、すきま時間に行います。

進め方（遊び方）

① 教師が「国語の教科書〇〇ページを開きましょう」と言います。

② 「教科書の下の方に書いている漢字を、１分間で何個読めるか挑戦しましょう。よーい、スタート！」と言います。

③ 読めた漢字は、鉛筆でチェックをします。
（音訓読みのどちらでも可）

④ 時間になったら、いくつ読めたか数えて記録します。

016 アレンジ①　書くバージョン

②③④をアレンジします。

② 「教科書の下の方に書いている漢字を、１分間で何個ノートに書けるか挑戦しましょう。よーい、スタート！」と言います。

③ ノートに新出漢字を書いていきます。

④ 時間になったら、ノートにいくつ書けたか数えて記録します。

017 30秒書き

人数 何人でも　場所 教室　時間 3分　準備物 漢字ドリル・ノート・ストップウォッチ

めあて

漢字練習をアクティブに取り組むことができ、漢字を覚えます。

タイミング

新出漢字の学習時に行います。

進め方（遊び方）

① 漢字ドリルを準備します。

② 教師の「30秒書きを始めます。よーい、スタート！」の合図で新出漢字をノートに書きます。

③ 教師が、30秒後に「ストップ」と言うまで、書き続けます。

④ 漢字をいくつ書けたか数えてノートに記録をします。

018 アレンジ① 30秒に近づけろ！①バージョン

③④をアレンジします。

③ 子どもは、自分が30秒たったと思ったら手を挙げます。

④ 30秒に近かった子を教師が発表して、みんなで拍手をします。

ワンポイント

ストップウォッチやタイマーは、子どもたちには見えないようにしておきます。

019 アレンジ② 30秒に近づけろ！②バージョン

③④をアレンジします。

③ 子どもは、30秒で漢字１字が完成するように書きます。

④ 30秒に近かった子を教師が発表して、みんなで拍手をします。

学年 低 中 高

020 〇〇ポイントを5つ見つけろ

人数 何人でも　場所 教室　時間 10分　準備物 漢字ドリル

めあて

漢字練習をアクティブに取り組むことができ、漢字を覚えます。

タイミング

新出漢字の学習時に行います。

進め方（遊び方）

① 漢字ドリルを用意します。
② 漢字ドリルで新出漢字の「書き順」「音訓読み」「部首」などを、クラス全員で確認します。
③ ２分間、１人で新出漢字を見て、その漢字の「難しそうなところ」に鉛筆で〇をつけます。
④ ２分後にクラスで、「〇をつけたところ」と「その理由」を交流します。

ワンポイント！

漢字ドリルに〇をつけます。３つ新出漢字を学習したなら、その３つの漢字から探します。

021 アレンジ① 間違えそうなところバージョン

③をアレンジします。

③　２分間、１人で新出漢字を見て、その漢字の間違えそうなところに鉛筆で○をつけます。

022 アレンジ② かっこいいところバージョン

③をアレンジします。

③　２分間、１人で新出漢字を見て、その漢字のかっこいいところに鉛筆で○をつけます。

023 アレンジ③ かわいいところバージョン

③をアレンジします。

③　２分間、１人で新出漢字を見て、その漢字のかわいいところに鉛筆で○をつけます。

教師の目

かっこいいところバージョン、かわいいところバージョンは、なかなか見つけられず「見つからないよー」と子どもたちは言うかもしれませんが、それでも構いません。このアクティビティのポイントは、漢字の形をじっくり見ることにあります。１本線が少なかったり、多かったりするといったミスを減らしていくことができます。

漢字

学年 低 中 高

024 漢字ドリルスペース書き

人数 何人でも　場所 教室　時間 5～10分　準備物 漢字ドリル

めあて

漢字練習をアクティブに取り組むことができ、漢字を覚えます。

タイミング

新出漢字の学習時（後半）に行います。

進め方（遊び方）

① 漢字ドリルを用意します。

② 漢字ドリルの新出漢字の、「書き順」「音訓読み」「部首」などを、クラス全員で学習します。

③ 新出漢字の学習が終わったら、教師が「漢字ドリルの空いているスペース（余白）に、３分間で新出漢字を書きまくりましょう！」と伝えます。

④ 「よーい、スタート！」の合図で、漢字を書き始めます。

⑤ ３分後、「１文字＝１ポイント」として、何ポイント獲得できたのかを数えて、ドリルに記録します。

025 ホメホメ漢字練習

人数 ペア　場所 教室　時間 5分　準備物 漢字ドリル・ノート

めあて

漢字練習をアクティブに取り組むことができ、漢字を丁寧に書くようになります。

タイミング

新出漢字学習、漢字練習時に行います。

進め方（遊び方）

① 学習した漢字をノートに一生懸命に書きます。

② そのノートをペアで交換し、書いてある漢字の良いところを5つ以上探します。

③ 相手に、探して見つけた良いところを伝えてほめます。

④ お互いにほめ合ったら、「ありがとうございます」と言ってノートを返します。

026 肺活量漢字練習

人数 何人でも　場所 教室　時間 5分　準備物 漢字ドリル・教科書・ノート

めあて

漢字練習をアクティブに取り組むことができ、漢字や読みを覚えます。

タイミング

新出漢字学習、漢字練習時に行います。

進め方（遊び方）

① 漢字ドリルを用意します。（教科書にある漢字一覧でも可）

② 教師が「一息で漢字が何個言えるか挑戦しましょう」と言います。

③ 子どもたちは息を大きく吸い込み、教師の「よーい、スタート！」の合図で始めます。

④ 息が続く限り、漢字を言い続けます。

⑤ 息をはいたら、それまでに、漢字を何個言えたかをノートに記録します。

027 アレンジ① 書きバージョン

②③④⑤をアレンジします。

② 教師が「一息で漢字が何個書けるか挑戦しましょう」と言います。

③ 子どもたちは息を大きく吸い込み、教師の「よーい、スタート！」の合図で始めます。

④ 息が続く限り、漢字をノートに書き続けます。

⑤ 息をはいたら、それまでに漢字を何個書けたかをノートに記録します。

漢字

学年 低 中 高

028 漢字当てましょう

人数 何人でも　場所 教室　時間 5分　準備物 漢字カード

めあて

漢字をさまざまな角度からとらえられるようになります。

タイミング

漢字の学習、国語の学習のはじめに、ウォーミングアップとして行います。

進め方（遊び方）

① 学習済みの漢字を書いた「漢字カード」を用意します。

② クラス全員に、漢字カードをランダムに１枚ずつ配ります。（カードに何の漢字が書いてあるのかがわからないようにします）

③ 配られた漢字カードをおでこに当てて、自分以外の人が見えるようにセットします。

④ 全員がセットできたら、教室内を動き回り１人の友だちとハイタッチします。

⑤ ハイタッチした友だちと、じゃんけんをして、先攻・後攻を決めます。

⑥ 先攻の人は、相手の漢字を見てヒントをあげます。（「画数」「部首」「意味」「読み方」など）

⑦ 次に後攻の人が、相手の漢字を見てヒントをあげます。

⑧ 時間内になるべくたくさんのヒントをもらい、最終的に自分の持っているカードの漢字を当てたら終わりです。

ワンポイント！

漢字カードは、子どもに書かせてもかまいません。

「インディアン　ポーカー」の漢字版です。

029 あいうえお漢字リレー

人数 グループ　場所 教室　時間 5分　準備物 チョーク（チーム数）

めあて

漢字の学習の定着を図ります。

タイミング

新出漢字学習、漢字練習時に行います。

進め方（遊び方）

① 座席の列ごとにチームを作ります。

② 教師が、「『あ行』で始まる漢字を『あ』から順に書いていきます」と伝えます。

③ チョークをバトンにして、リレーをします。列の前の子がチョークを持ち、「よーい、スタート！」の合図で書き始めます。

④ チョークを持った子が黒板に漢字を書けたら、列の後ろの人にチョークを渡して席に座ります。

⑤ 時間になるか、列の最後の子が着席したら終わりです。

⑥ １番早かったチームを発表します。

ワンポイント！

思い浮かばない子は、チームでヒントをあげてもいいです。

あ行ができたら、か行、さ行……と取り組んでみましょう。

030 アレンジ①　音・訓しばりバージョン

②をアレンジします。

②　教師が「音読みだけで『あ行』で始まる漢字を『あ』から書いていきます」と伝えます。

ワンポイント

最後にクラスで、書いた漢字が音読みか訓読みか判定をしていくと、漢字の読みの学習が深まります。

031 アレンジ②　画数しばりバージョン

②をアレンジします。

②　教師が「『６画までの画数』の漢字を書いていきます」と伝えます。

ワンポイント

ほかにも「２の倍数の画数」の漢字などの条件が考えられます。

教師の目

しばりをかけて（条件をつけて）いくと、最後までつながらないこともあります。そのときは、「漢字辞典で調べてみよう」と声かけをすることで、漢字辞典を使った学習につなげていくこともできます。
最後までつながらなかった悔しさから、きっと子どもたちは必死に漢字を調べていくでしょう。

032 漢字de画数対決！

人数 ペア　場所 教室　時間 5分　準備物 ノート・国語辞典・漢字辞典

めあて

画数、書き順に気をつけて漢字を書けるようにします。

タイミング

漢字の学習の復習をしたいときに行います。

進め方（遊び方）

① ペアになります。（3人組も可）

② 教師が「画数じゃんけんをします！」と伝えます。

③ 「最初はグー！じゃんけん！……カキカキ！」と言って、ノートに好きな漢字を1文字書きます。

④ 漢字が書けたら、お互いの漢字の画数を確認します。

⑤ 制限時間内に同じ画数の漢字を、書けたペアが勝ちです。

ワンポイント！

「1分で！」など、制限時間を設けるとテンポよく進みます。慣れてきたら、時間を短くしてみましょう。

アクティビティが終わった後に、画数が調べられるように辞典をそばに置いておきましょう。

033 アレンジ① かんたんバージョン

②③をアレンジします。

② 教師が「画数じゃんけん！画数が３の倍数になる漢字を１文字書きましょう」と伝えます。

③ 「最初はグー！じゃんけん！……カキカキ！」と言って、ノートに画数が３の倍数になる漢字を１文字書きます。

034 アレンジ② 画数を多くバージョン

⑤をアレンジし、⑥を追加します。

⑤ 書いた漢字の画数のペアで合計して、ほかのペアと競い合います。

⑥ 画数が多いペアが勝ちになります。

普段、画数を意識して漢字の学習をすることが少ないこともあります。画数じゃんけんを通して、画数への意識を高めていきましょう。
画数に気をつけると、正しい書き順への意識も高まっていきます。

漢字

035 交互画数読み書き

人数 グループ　場所 教室　時間 5分　準備物 漢字ドリル・A4の紙

めあて

漢字練習をアクティブに取り組むことができ、漢字を覚えます。

タイミング

新出漢字学習、漢字練習時に行います。

進め方（遊び方）

① クラスを、２つのグループ（A、B）に分けます。

② 教師が「グループで順番に画数を言いながら、漢字を書きましょう」と伝えます。

③ 「漢字は『○』です。よーい、スタート！」の合図で始めます。

④ 漢字の書き順を、AとBで交互に声に出し、１枚の紙に書いていきます。

⑤ 最後まで、声を出して書けたら終わりです。

⑥ ③④⑤を時間まで、何度もくり返します。

036 アレンジ① 日本語英語バージョン

④をアレンジします。

④ 漢字の書き順を、AとBのグループでそれぞれ
A「いち（1）」、B「ツー（two）」
A「さん（3）」、B「フォー（four）」
と日本語と英語を交互に声に出し、１枚の紙に書いていきます。

037 リレー書き

人数 グループ　場所 教室　時間 5～10分　準備物 チョーク・ノート・習字セット

めあて

漢字の画数や、形を意識することができるようになります。

タイミング

新出漢字学習、漢字練習時に行います。

進め方（遊び方）

① グループ（4～6人）になります。

② 教師が「リレー書きをします。言われた漢字をグループで1人1画ずつ書きましょう」と伝えます。

③ 「漢字は、『○』です！よーい、スタート！」の合図で始めます。

④ 黒板（もしくはノート）に漢字を1画書くと、次の人に交代します。

⑤ 漢字を書き終わるまで、④をくり返します。

⑥ 完成したら、クラスで1番上手にかけたグループを決定し、拍手します。

アレンジ

038 アレンジ① 書写バージョン

④をアレンジします。

④ 半紙（筆で書きます）に漢字を1画書くと、次の人に交代します。

039 スピード漢字計算

人数 グループ　場所 教室　時間 5～10分　準備物 ノート・9マス表

めあて

漢字の定着を図ります。

タイミング

新出漢字学習、漢字練習時に行います。

進め方（遊び方）

① 教師が「今から２つの漢字を言います。その２つの漢字の画数を足し算してください。紙に漢字を書きながら計算してもいいです」と伝えます。

② 教師が「せーの、『〇』『〇』」と漢字を言います。

③ 子どもが、画数をたし算して答えます。

④ ②と③を時間まで、何度もくり返します。

ワンポイント！

「た」とだけ言うと、たくさんの漢字があるので、「田んぼの」と説明を加えて言うようにしましょう。
クラスの実態によっては、黒板にその漢字を書いたり、プレゼンテーションソフトで漢字を映したりしてもいいでしょう。

040 アレンジ① 先生の代わりに問題を作ろうバージョン

②をアレンジします。教師役を子どもが務めます。

② 代表の子どもが「せーの、『○』『○』」と漢字を言います。

ワンポイント

「田んぼのた！」のように、「田んぼの」に当たる漢字の説明を考えさせましょう。そうすることで、「みんなにわかる説明は何か？」と、漢字の意味を考えたり、みんながわかる熟語を探したりすることにつながっていきます。

041 アレンジ② ビンゴバージョン

②③④をアレンジします。

② ノートに、ビンゴのように９マスを書きます。（９マス表でも可）

③ それぞれのマスに、漢字を１文字書きます。
書く漢字は、以下のようにテーマを決めるとおもしろいです。

④ 漢字が９つ書けたら、縦・横の漢字の画数の合計を書きます。

書くのが得意な漢字	書くのが苦手な漢字	美しい形の漢字
にんべんの漢字	好きな漢字	自分の名前に 入っている漢字
嫌いな漢字	今年習った漢字	日本と言えば？で 思い浮かぶ漢字

「国語」＋「算数」のアクティビティです。
漢字の学習だけでなく、暗算の練習にもなります。
ひき算、かけ算、わり算にも応用できます。

042 漢字ブラックジャック

人数 ペア　場所 教室　時間 5分　準備物 ノート・A4の紙

めあて

漢字に興味を持ち、自分から進んで漢字練習をするようになります。

タイミング

朝の時間やすきま時間、新出漢字の学習時に行います。

進め方（遊び方）

① ペア（２人組）になります。
② 相手に見せないように、ノートか紙に漢字を５つ書きます。（１枚に漢字１文字）
③ 「せーの！」で、お互いの漢字を１文字見せます。
④ 見せた漢字の画数を合わせて21になれば成功！
⑤ 時間になるか、成功するまでくり返します。

043 アレンジ①　グループバージョン

①②③④をアレンジします。
① グループ（４～６人）になります。
② 漢字を相手に見せないように５つ書きます。
③ 「せーの！」で、お互いの漢字を１文字見せます。
④ グループ全員の漢字の画数を合わせて46になれば成功！

学年 低 中 高

044 何秒で真っ白にできるかな

人数 何人でも　場所 教室　時間 5分　準備物 ノート・チョーク

めあて

漢字に興味を持ち、自分から進んで漢字練習をするようになります。

タイミング

朝の時間やすきま時間、新出漢字の学習時に行います。

進め方（遊び方）

① 教師が「ノートに３回新出漢字を書いたら、黒板に１つ漢字を書けます。チョークで黒板を真っ白にしてみよう！」

② 「よーい、スタート！」の合図で漢字を書き始めます。

③ ノートに新出漢字を３回書けた子から、前に来て黒板に１つ漢字を書きます。

④ 黒板に１つ書くと席に戻り、ノートに新出漢字を３回書きます。

⑤ ③④をくり返します。

⑥ 時間になるか、黒板がチョークで真っ白になったら終わりです。黒板が真っ白のときは、完成したタイムを発表します。

ワンポイント

黒板に書く範囲を指定しても構いません。

045 アレンジ①　自分のノートバージョン

黒板をノートにしてアレンジします。

① ノート見開き（２ページ）に、新出漢字を書き続けます。

② ノートが漢字で真っ黒になったら、手を挙げます。

③ 教師が時間を伝え、ノートに記録します。

学年 低 中 高

046 班対抗！何個書けるかな！

人数 グループ　場所 教室　時間 5～10分　準備物 大きめの紙

めあて

漢字に興味を持ち、自分から進んで漢字練習をするようになります。

タイミング

朝の時間や、すきま時間に行います。

進め方（遊び方）

① グループ（4～6人）になります。
② 各グループに、少し大きめの紙を配ります。
③ 教師がテーマを発表します。
例「部首が、さんずい偏の漢字を書きましょう」
④ 「よーい、スタート！」の合図で、テーマに合った漢字を、紙にグループみんなで書き出します。
⑤ 時間になったら、何個書けたかを数えます。
同じ漢字を書いていたら、1つと数えます。
（例えば、「海」と3人書いていても、1つと数える）
⑥ クラスで発表し、1番たくさん書けたグループに拍手します。

ワンポイント！

少し大きめの紙にするのは、みんながいっしょに書き込めるからです。誰かが代表して書いていくより、みんなで書いていくほうが盛り上がります。

047 アレンジ① 読みバージョン

③をアレンジします。

③ 教師がテーマを発表します。
例「読みが『こうせい』になる漢字を書きましょう」

048 アレンジ② ○年生の漢字バージョン

③をアレンジします。

③ 教師がテーマを発表します。
例「○年生で習った漢字を書きましょう」

049 アレンジ③ 学校バージョン

③をアレンジします。

③ 教師がテーマを発表します。
例「学校に関連する漢字を書きましょう」

050 見られちゃダメよ！

人数 何人でも　場所 教室　時間 5分　準備物 水性ペン

めあて

漢字に興味を持ち、自分から進んで漢字練習をするようになります。

タイミング

朝の時間やすきま時間、新出漢字の学習時に行います。

進め方（遊び方）

① 朝の学活の時間に、１週間以内に学習した新出漢字の中から１つ漢字を選びます。

② 選んだ漢字を、利き手ではない手の甲に水性ペンで書きます。

③ 手に書いた漢字を、誰にも見られないようにルールに従って、１日を過ごします。

（ルール）

・１日誰からも漢字を当てられなかったら＋１ポイント！！

・友だちの手の漢字を見て、当てれば＋１ポイント！！

・友だちの手の漢字を見て、外したら－１ポイント！

④ おわりの会で、ポイントを発表し１番多い人に拍手します。

無理やり友だちの手を見たりしたら、「－100ポイント」にします。
慣れてくると、普段大人しい子の方が高得点になったりします。

学年

051 新出漢字〇×ゲーム

人数 何人でも　場所 教室　時間 5分　準備物 A4の紙

めあて

漢字に興味を持ち、自分から進んで漢字練習をするようになります。

タイミング

朝の時間やすきま時間、新出漢字の学習時に行います。

進め方（遊び方）

① ペア（2人組）になります。

② A4の紙に、3×3の9マス（もしくは5×5の25マス）を書きます。

③ じゃんけんをして、先攻・後攻を決めます。

④ 1マスに、新出漢字を交互に1つずつ書いていきます。
先攻は赤色、後攻は青色として誰が書いたかわかるようにします。

⑤ 1列（3マス連続）で漢字が書けた人の勝ちです。

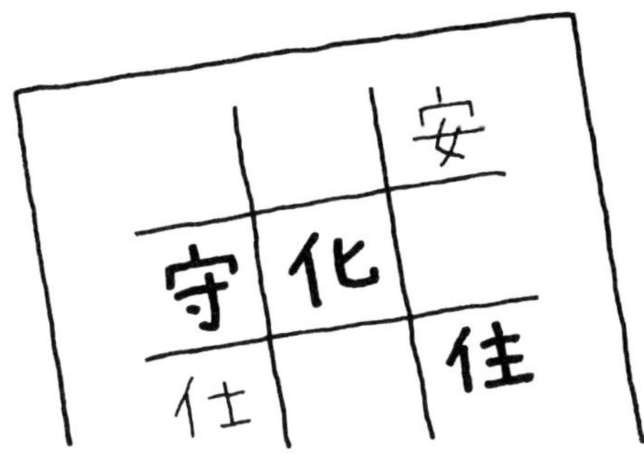

ワンポイント！

25マスのときは、5つ連続で書けたら勝ちです。

052 漢字ビンゴ

人数 何人でも　場所 教室　時間 5分　準備物 A4の紙

めあて

漢字に興味を持ち、自分から進んで漢字練習をするようになります。

タイミング

朝の時間やすきま時間、新出漢字の学習時に行います。

進め方（遊び方）

① A4の紙に、３×３の９マス（もしくは５×５の25マス）を書きます。
② １マス１文字ずつ、その学年で学習した漢字を全マスに書きます。
③ 教師が漢字を１つずつ言っていきます。
④ 言われた漢字が、マスにあればマスに印をつけます。
⑤ 縦、横、斜めのどれか１列に印が３つつけばビンゴ！

053 アレンジ① 部首バージョン

②③④をアレンジします。
② 教師が指定した部首の漢字をマスに書きます。
③ 教師が部首を１つずつ言っていきます。
④ 言われた部首が、マスにあればマスに印をつけます。

ワンポイント！

なかなか思いつかない子がいるかもしれません。そういう子には辞書を使ってもよいとし、苦手意識が出ない配慮をしてあげましょう。

第2章

漢字ゲーム

この章では、「漢字ゲーム」のアクティビティを集めています。アクティビティを通して、「書く」だけでなく漢字の意味や部首の理解も大切にし、「漢字への興味関心」「聴く力」「仲間とのつながり」も高めていきませんか。

学年 低 中 高

054 聖徳太子聞き取り漢字

人数 何人でも　場所 教室　時間 5分　準備物 漢字ドリル・ノート・ホワイトボード(グループ数)

めあて

聞き取った漢字を書くことで、漢字の定着を図ったり聴写の力がつくようになります。

学習へのつながり

漢字の定着と、毎日の授業の中で、「聴く」という意識を高めることができます。

タイミング

漢字の復習をしたいときや、国語の時間のはじめに、集中力を高めるウォーミングアップとして行います。

進め方(遊び方)

① クラスから、１名読む子どもを選びます。
② 教師と選ばれた子どもで「せーの」で、熟語を読み上げます。(どちらも違う熟語を言います)
③ 聞いている子どもは、読み上げられた熟語をノートに書き取ります。
④ わかった子の中から指名して、黒板に答えを書いてもらいます。
⑤ 正解を発表します。
⑥ 時間まで、読み上げる子どもを変えて②〜⑤をくり返します。

ワンポイント!

漢字を読み上げる子どもには、大きな声を出すように指導しましょう。しかし、中には声の出ない子もいます。そのときは、聞き手が協力して聞き取りやすい空気を作っていくように指導していきましょう。声の小さい子が責められることのないように留意します。

055 アレンジ①　グループ対抗バージョン

①②③④をアレンジし、⑤をなくします。

①　クラスから、３～４名読む子どもを選びます。

②　選ばれた子どもで、熟語を読み上げます。

③　グループで協力して、読まれた熟語をホワイトボードに書きます。

④　正解を発表します。１つの熟語を書けたら、１ポイントです。

056 アレンジ②　例文バージョン

②をアレンジします。

②　教師と選ばれた子どもで「せーの」で、例文を読み上げます。（漢字ドリルにある例文を言います）

ワンポイント

最初は、何度か読み上げたり、慣れるまで教師のみが読み上げて、１文のみの聴写をさせたりしましょう。

057 アレンジ③　スーパー聖徳太子バージョン

①をアレンジします。

①　クラスから読む子どもを３～４名選びます。

058 アレンジ④　ウルトラ聖徳太子バージョン

①をアレンジします。

①　クラスから読む子どもを６～７名選びます。

ワンポイント

全部ではなく聞き取ることのできた熟語のみを書き取ります。「なるべくたくさん書けるといいね！」と声をかけてスタートしましょう。

漢字の書き取りだけでなく、「聞き取る力」をつけることにもつながります。単なる「聞く」から、自分のほしい情報を主体的に得ようとする「聞き取る」へ、レベルアップするようにしていきましょう。

059 漢字表ミッション

人数 何人でも　場所 教室　時間 5～10分　準備物 漢字一覧表のプリント

めあて

前学年までの漢字を復習し、定着するようになります。

学習へのつながり

前学年までの漢字の復習につながります。

タイミング

漢字の復習をしたいときや、国語の授業のはじめに行います。

進め方（遊び方）

① 復習したい学年の漢字一覧表のプリントを配布します。

② 教師が、「ミッションを出します。『○○』と読む漢字に丸をつけましょう。制限時間は30秒です」と伝えます。
例「『フク』と読む漢字に丸をつけましょう」

③ 子どもたちが表に丸をつけていきます。

④ 教師が答えを言っていき、すべて見つけたらミッションクリア！

⑤ 時間まで②～④をくり返します。

ワンポイント！

一覧表の作成は、インターネット上の文部科学省の学年別配当表を使うとよいでしょう。五十音順になっているので、ワードソフトなどを使って、シャッフルします。制限時間は、子どもたちの実態やミッションの内容に応じて変えていきましょう。

060 アレンジ① ピンポイントバージョン

②をアレンジします。

② 教師が、「（板書して）この漢字を見つけなさい」と伝えます。複数ある答えではなく、ピンポイントで漢字１文字を見つけます。制限時間は10秒程度に短くします。

061 アレンジ② 似ている漢字バージョン

②をアレンジします。

② 教師が、「似ている漢字のペアを３ペア探しなさい」と伝えます。「似ている」には、「意味が似ている」「字形が似ている」などありますが、その観点も自分で選ぶということを伝えます。

062 アレンジ③ 熟語作成バージョン

②をアレンジします。

② 教師が、「漢字一覧表の漢字を使って、熟語を３つ作りなさい」と伝えます。

063 アレンジ④ 文作成バージョン

②をアレンジします。

② 教師が、「漢字一覧表の漢字を使って、文を３つ作りなさい」と伝えます。

学年をごちゃまぜにした表を作ることも考えられます。教師が楽しんで、アレンジを加えていきましょう。

064 漢字かぶっちゃやーよ

人数 グループ　場所 教室　時間 10分　準備物 ホワイトボード・画用紙・ペン

めあて

部首の意識を高めることにつながり、部首とのつながりで漢字の意味が考えられるようになります。

学習へのつながり

単なる漢字の学習からレベルアップしていきます。３年生では、「へんとつくり」の学習、４年生では、「漢字辞典の部首索引」の学習のところでも生かすことができます。

タイミング

漢字の学習時、もしくは国語の授業のはじめに行います。
４年生では、漢字辞典の学習時に行います。

進め方（遊び方）

① グループ（４～６名）を作ります。
② グループに、ホワイトボード（もしくは画用紙）とペンを配ります。
③ 教師が、お題を出します。
例「さんずい偏の漢字といえば？」
④ ほかのグループとかぶらない漢字を１文字考え、ホワイトボードに書きます。
⑤ 全員で「かぶっちゃや～よ！」と元気よく言って、ホワイトボードを頭の上に掲げます。
⑥ どのグループとも、かぶらなかったグループに１ポイント！
⑦ お題を変えながら、③～⑥をくり返します。

ワンポイント！

さまざまなお題を用意して、子どもたちが飽きないようにしましょう。

065 アレンジ① プレミアムバージョン

④と⑥⑦をアレンジします。

④ 2分間で、ホワイトボードに思いつく限り、お題の漢字を書きます。4人グループなら、4人で順番に1人1つずつ書きましょう。

⑥ ほかのグループとかぶった漢字に×印をつけます。

⑦ かぶらなかった漢字が1番多かったグループが勝ちです。

066 アレンジ② 個人戦バージョン

②をなくして、④⑤⑥をアレンジします。

④ 個人でノートにお題の漢字をできるだけたくさん書きます。

⑤ グループの中で漢字を発表し、かぶった漢字に×印をつけます。

⑥ かぶらなかった漢字を1番多く書いた人が勝ちです。

067 アレンジ③ かぶってい～よ！バージョン

⑤⑥をアレンジします。

⑤ 全員で「かぶってい～よ！」と元気よく言って、ホワイトボードを頭の上に掲げます。

⑥ ほかのグループとかぶった漢字があったら1ポイント！

教師の目

「○偏の漢字を思い出すときのコツは？」などと、ゲーム中に問いかけましょう。きっと子どもたちから、「水に関係する漢字」など、漢字の意味にアプローチできる答えが出てきます。
お題も、「画数が○画の漢字」「説明文に出てくる学習用語」など漢字に限らず、国語の大切な用語などを入れてもおもしろいです。

068 創作漢字コンテスト

人数 何人でも　場所 教室　時間 10～15分　準備物 A4の紙・漢字辞典・国語辞典

めあて

新しい漢字を創り出すことを通して、これまで学んできた漢字の意味について思い出せるようになります。

学習へのつながり

漢字の成り立ちの学習につなげることができます。

タイミング

漢字の学習の１コマや、漢字の成り立ちの学習の後の活動で行います。

進め方（遊び方）

① 創作漢字を紹介し、子どもがイメージを持てるようにします。(創作漢字コンテストの作品や、教師が作成したものを紹介します)

② 自分のオリジナルの創作漢字を考え、紙に書きます。

③ 自分の机の上に、創作漢字を書いた紙を置き、友だちの作品を見て回ります。

④ 「ナイスアイデア賞」「令和の時代に合うで賞」など、オリジナルの賞を決めて投票し、コンテストを行います。

⑤ 投票結果を発表します。

ワンポイント！

漢字の中に記号を入れても構いません。

産経新聞社が主催している創作漢字コンテストから、コンテストの過去の入賞作品を見ることができます。

難しく考えず、楽しみながら取り組みましょう。

069 アレンジ① クイズバージョン

③④⑤をアレンジし、⑥を追加します。

③ 子どもたちが考えた創作漢字の紙を黒板に貼ります。

④ 考えた子どもが、「何と読むでしょう？」とクイズを出します。

⑤ 挙手して、答えを発表します。

⑥ 出題した子どもが、正解を発表し、読み方や意味を解説します。

教師の目

創作漢字を考えるとき、子どもたちは、既習の漢字を思い返したり、意味を考えたりします。

「おもしろそう！」「これどういう意味？」「何て読むの？」と、教師もいっしょに楽しんで取り組みましょう。

また、掲示してコンテストをしたり、毛筆で書いてみたりすると楽しみが広がります。

070 隠れているところを当てろ！

人数 何人でも　場所 教室　時間 1～2分　準備物 漢字カード

めあて

子どもたちが間違いやすい漢字を正確に書き取れるようになります。

学習へのつながり

間違いが多い漢字をみんなで共有し、毎日の漢字指導につなげます。書写の学習にもつなげることができます。

タイミング

間違いが多かった漢字を覚えさせたいときや、国語の授業のはじめに行います。

進め方（遊び方）

① クラスの子どもたちの漢字学習の様子から、間違いの多かった漢字を把握しておきます。

② 漢字クイズを作ります。プレゼンテーションソフトや画用紙を使って、間違いの多い漢字の一部分を隠して、隠れている部分を当てる漢字カードを作りましょう。

（以上、準備）

③ 授業のはじめに、教師が「漢字クイズを出します。隠れている部分を考えよう」と言って、漢字カードを見せます。

（AとBの答えの選択肢を用意していても構いません）

④ 子どもは、隠れている部分を空書きします。（AかBかを答えます）

⑤ 全員で正しい漢字を確かめます。

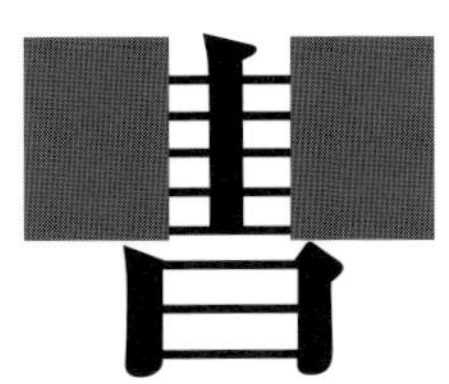

「一番長い横画はどこ？」

学年 低 中 高

071 漢字ドリルクイズ

人数 何人でも　場所 教室　時間 5分　準備物 漢字ドリル

めあて

学習した漢字の定着を図ります。

学習へのつながり

書き取りが中心的になりがちな漢字ドリルの活用の幅を広げることができます。

タイミング

漢字学習時、漢字の復習をしたいときに行います。

進め方（遊び方）

① 全員、席を立ちます。
② 教師がクイズを出します。クイズは、学年や子どもの実態に合わせて選びます。制限時間を設けます。
（６画の漢字、さんずい偏の漢字、～という意味を持つ漢字など）
③ 漢字ドリルを見ながら、該当の漢字を探し出します。見つけたら座ります。
④ 全員で答えを確認して、その漢字を空書きします。
⑤ ①～④をくり返します。

ワンポイント！

低学年は、読み方や画数を、中学年は部首や音読み訓読みを、高学年は意味を中心にクイズを出すとよいでしょう。
低学年：「『テン』と読む漢字は？」「６画の漢字を３つ探そう」
中学年：「さんずい偏の字を２つ探そう」「音読みで『フク』と読む字は？」
高学年：「～という意味をもつ漢字を探そう」
子ども同士でクイズを出し合えば、すきま時間でも使えます。

学年 低 中 高

072 漢字ジェスチャークイズ

人数 何人でも　場所 教室　時間 5分　準備物 ノート

めあて

漢字の意味を理解できるようになります。

学習へのつながり

漢字が「読める」「書ける」だけでなく、「意味の理解」につなげることができます。

タイミング

漢字の学習時に行います。

進め方（遊び方）

① 教師が、「今から先生がある漢字のジェスチャーをします。何の漢字か当ててください」と言います。

② 教師が、漢字をジェスチャーで表現します。

③ 答えがわかったら、その漢字をノートに書く。

④ 教師が正解を黒板に書き、全員で読みます。

ワンポイント！

漢字学習で、ドリルで学習した熟語は書けるのに、ちがう熟語になるととたんに書けなくなる子どもがいます。
その原因のひとつに、漢字の意味を覚えていないことがあります。
このアクティビティで漢字の意味をいっしょに覚えていくことが有効です。
宿題で、漢字を書く練習だけでなく、お家の人とジェスチャーゲームをしたり、漢字の意味を絵で描いたりなど、宿題もアレンジできます。

第3章

音読

この章では、「音読」のアクティビティを集めています。なんのために音読をするのでしょうか。音読の宿題が嫌いな子が学級にいませんか。そんな子たちも前のめりになるアクティビティで、楽しい音読を子どもたちとしませんか。

学年 低 中 高

073 プレッシャー読み

人数 何人でも　場所 教室　時間 5分　準備物 説明文

めあて

説明文をスラスラと読めるようになります。

学習へのつながり

【低・中・高学年】文を正確に音読することで、内容を理解しやすくなります。

タイミング

説明文の学習時に、授業のはじめに行います。

進め方（遊び方）

① 教師が「これからプレッシャー読みをします。正確に読み進められるようにがんばりましょう！」と言います。

② 説明文を最初から１人で音読します。

③ 音読中に詰まったり、間違えて読んでしまったりしたところで読むのを終わります。

④ どこまで読めたのかをノートに記録します。

⑤ 一番長く読めた人を発表し、みんなで拍手します。

２回目以降は、記録を伸ばせた人を挙手させて、みんなで拍手します。

ワンポイント！

何度も行うことで、読むことができる文章量が増えてきます。詰まらずに読もうと、子どもたちはアクティブに音読に取り組むことでしょう。詰まらないようにゆっくり読む子がいます。子どもの実態に応じて、最初は認めつつも、教師が範読をして、読む速さの見本を示してあげましょう。

074 アレンジ①　場面読みバージョン

②③をアレンジし、④⑤をなくします。

② 自分が詰まらずに読める段落を選び、その段落を読みます。

③ 詰まらず全部読めたら、クリアです。

ワンポイント

グループで読む段落を分けたり、くじなどで自分が読む段落を決めたりすることで盛り上がるでしょう。

075 アレンジ②　最後の１文を読むのはどっちだバージョン

②③④をアレンジし、⑤をなくします。

② ペア（２人組）になり、１人が音読します。

③ 詰まったら読む人を交代します。

④ ③をくり返し、最後の１文を音読できた人の勝ちです。

076 アレンジ③　最後の１文＋自分のタイミングバージョン

アレンジ②に自分のタイミングを加えます。

② ペア（２人組）になり、１人が音読します。

③ 詰まったら読む人を交代することに加え、詰まっていなくても自分のタイミングで読む人を交代することができます。

④ ③をくり返し、最後の１文を音読できた人の勝ちです。

077 アレンジ④　VS先生バージョン

アレンジ②のペアの相手を教師にします。

② ペア（２人組）になります。もう１人は教師です。

③ 詰まったら読む人を交代します。

④ ③をくり返し、最後の１文を音読できた人の勝ちです。

教師の目

学級の中には、吃音（きつおん）の子どもがいる可能性があります。そういう子がいる場合は、無理に取り組むことはやめましょう。

078 丸読み

人数 ペア　場所 教室　時間 5分　準備物 物語文・説明文

めあて

物語文や説明文をスラスラと読めるようになります。

学習へのつながり

【低・中・高学年】文章を正確に音読することで、内容を理解しやすくなります。

タイミング

物語文や説明文の学習時に、授業のはじめに行います。

進め方（遊び方）

① ペア（2人組）になります。
② 教師が「丸読みをします。句点（。）で交代しながら、正確に読みましょう！」と伝えます。
③ 1人が文章を最初から音読します。
④ 句点まで読めたら、読む人を交代します。
⑤ 時間まで④をくり返して、どこまで読めたのかを記録します。
⑥ 一番長く読めたペアを発表し、みんなで拍手します。
2回目以降は、記録を伸ばせたペアを挙手させて、みんなで拍手します。

ワンポイント！

まるで1文のように、句点を意識せずに音読をする子は多くいます。その音読では相手がわかりづらい場合もあります。句点を意識することで、1文をしっかり音読することができるようになります。

079 アレンジ①　マル増加読みバージョン

④をアレンジします。

④　句点がきたら、読む人を交代します。交代するたびに読む句点の数を１つずつ増やしていきます。
（例えば、Ａくん１個→Ｂくん２個→Ａくん３個→Ｂくん４個）

080 アレンジ②　好きなところまで読みバージョン

④をアレンジします。

④　自分で句点を選び、選んだところまで読めたら交代します。

ワンポイント

１人で全部を読んでしまう子がいるかもしれません。クラスの実態に合わせて「最大句点３個まで」と制限をしても構いません。

081 アレンジ③　最後の１文を読むのはどっちだ①バージョン

④⑤⑥をアレンジします。

④　句点がきたら、読む人を交代します。

⑤　交代するたびに読む句点の数を１つずつ増やしていきます。

⑥　④⑤をくり返し、最後の１文を音読できた人が勝ちです。

082 アレンジ④　最後の１文を読むのはどっちだ②バージョン

アレンジ③に、「自分で句点の数を選ぶ」を加えます。

④⑤⑥をアレンジします。

④　句点がきたら、読む人を交代します。

⑤　自分で句点の数を１～３個から選び、読むことができます。

⑥　④⑤をくり返し、最後の１文を音読できた人の勝ちです。

083 1分間音読

人数 何人でも　場所 教室　時間 1～5分　準備物 物語文・説明文・時計

めあて

文章をスラスラと読めるようになります。

学習へのつながり

【低・中・高学年】文を音読することで、内容を理解しやすくなります。

タイミング

物語文や説明文の学習時に、授業のはじめに行います。

進め方（遊び方）

① 全員が席を立ちます。

② 教師が「1分間音読をします。自分が読みたい文章を選んで、時計なしで音読しましょう」と伝えます。

③ 教師の「よーい、スタート！」の合図で、音読を始めます。

④ 自分が1分間音読したと思ったタイミングで、席に座ります。

⑤ 全員が読み終わったら、教師が1分に1番近かった人を発表します。

⑥ 全員で拍手します。

ワンポイント！

読む文章は、教師が指定してもかまいません。

時計は、子どもから見えない状態にしておきます。

084 アレンジ① どこまで読めるかバージョン

②③④⑤をアレンジします。

② 教師が「1分間音読でどこまで読めるか、挑戦しましょう」と伝えます。

③ 教師の「よーい、スタート！」の合図で、文章の最初から音読を始めます。

④ 1分後の「ストップ」の合図で、自分がどこまで読めたか確認します。

⑤ クラスで1番たくさん文章を音読できた人を発表します。

ワンポイント

時計は、子どもが見える状態にしておきます。1分後にアラームが鳴るように設定しておくと、取り組みやすくなります。

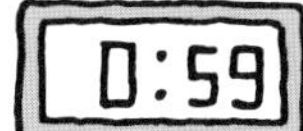

文章量を稼ごうと適当に読む子がいるかもしれません。そうならないように、教師の方で見本を示しておきましょう。

085 サプライズ音読

人数 何人でも　場所 教室　時間 5～10分　準備物 物語文

めあて

物語文をスラスラと読めるようになります。

学習へのつながり

【低・中・高学年】会話文、地の文（会話以外の文）を意識するようになります。

タイミング

物語文の学習時に、授業のはじめに行います。

進め方（遊び方）

① 最初に指名できる人を１名決めます。
（指名できる人の決め方は、自薦他薦どちらでも構いません）
② 教師の「よーい、スタート！」の合図で、全員で音読します。
③ 地の文は、全員で音読します。
④ 会話文になったら、読む人を１名指名します。
⑤ 指名された人は、その会話文を音読します。
⑥ 会話文を音読した人は、次に指名することができます。
（会話文の間に地の文が入るときは、全員で地の文を読みます）
⑦ 時間まで③～⑥をくり返します。

086 アレンジ①　１文バージョン

１文ごとに、読む人を指名していきます。

③④⑤⑥をアレンジします。

③　最初の１文を全員で音読します。

④　読み終えたら、次の文を読む人を１名指名します。

⑤　指名された人はその文を音読します。

⑥　文を音読した人は、次に指名することができます。
（地の文も会話文も関係なしに、１文ごと交代していきます）

慣れるまでは、音読のリズムに乗れない可能性があります。しかし、数回行うことで、指名する人のところでモタモタしないことで、リズムよく音読することができるようになります。

音読

087 音読かぶっちゃやーよ

人数 グループ　場所 教室　時間 5分　準備物 詩

めあて

詩をスラスラと読めるようになります。

学習へのつながり

【低・中・高学年】詩を正確に読むことができます。

タイミング

詩の学習時に、授業のはじめに行います。

進め方（遊び方）

① ４人グループになります。

② 詩の行ごとに番号を書きます。

③ 自分が読もうと思う行の番号をノートに書きます。
詩の行を４で割った数の分だけ番号を書きます。
（12行の詩なら３つ番号を選んで書きます）
書いた番号は誰にも見せません。

④ 「かぶっちゃやーよ！」の合図で、詩を音読します。

⑤ グループで、音読する人がかぶったらアウト！
その人は、続きは読めません。

⑥ 最後まで、誰ともかぶることなく読めた人が勝ちです。

ワンポイント！

題名、作者名は全員で声をそろえて言います。

088 アレンジ① 激ムズバージョン

①③をアレンジします。

① クラス全員で行います。

③ 自分が読もうと思う行の番号を1つだけ選びます。

ワンポイント

このバージョンは「激ムズ」です。私のこれまでの学級で成功したことはありません。難しいからこその楽しさです。

このバージョンをしてから次のページのアクティビティ「途切れちゃやーよ」を行うと盛り上がります。

詩は、教科書に掲載されている詩でオッケー！

089 アレンジ② 先生とかぶっちゃやーよバージョン

①と⑤をアレンジします。

① クラス全員で行います。

⑤ 教師が読むところとかぶったらアウト。

ワンポイント 子どもたち同士がかぶるのはセーフです。

090 途切れちゃやーよ

人数 グループ　場所 教室　時間 5分　準備物 詩

めあて
詩をスラスラと読めるようになります。

学習へのつながり
【低・中・高学年】詩を正確に読むことができるようになります。

タイミング
詩の学習時に、授業のはじめに行います。

進め方（遊び方）
① ４人グループになります。
② 詩の行ごとに番号を書きます。
③ 自分が読もうと思う行の番号をノートに書きます。
詩の行を４で割った数の分だけ番号を書きます。
（12行の詩なら３つ番号を選んで書きます）
書いた番号は誰にも見せません。
④ 「途切れちゃやーよ！」の合図で、詩を音読します。
⑤ グループで、誰も読む人がなく途切れてしまうとアウト！
⑥ 最後まで途切れることなく読めたらクリアです。

ワンポイント　題名、作者名は全員で声をそろえて言います。

091 アレンジ①　全員バージョン
①をアレンジします。
①　クラス全員で行います。

092 ハーモニー読み

人数 何人でも　場所 教室　時間 5分　準備物 物語文・説明文・詩

めあて

教科書の物語文・説明文・詩をスラスラと読めるようになります。

学習へのつながり

【低・中・高学年】物語文・説明文・詩を正確に読むことができます。

タイミング

物語文・説明文・詩の学習時に、授業のはじめに行います。

進め方（遊び方）

① 教師が「今日は、ハーモニー読みをします」と伝えます。

② 高い声で読む子、低い声で読む子を決めます。

例1　女子：高い声、男子：低い声

例2　教室の右半分：高い声、教室の左半分：低い声　など

③ 教師が「せーの」と言います。

④ 全員で同時に音読します。

じさまじさま

093 モノマネ読み

人数 何人でも　場所 教室　時間 5～10分　準備物 物語文・説明文

めあて

文章をスラスラと読めるようになります。

学習へのつながり

【低・中・高学年】文章を正確に読むことができます。

タイミング

物語文・説明文の学習時に、授業のはじめに行います。

進め方（遊び方）

① 教師が「今日の音読は、キャラクターになりきって音読します」と伝えます。

② 5分間、1人でキャラクター音読の練習をします。

③ みんなで音読します。

ワンポイント！

キャラクターがわからない場合は動画などを見せ、イメージを持たせます。

094 アレンジ① 歌舞伎読みバージョン

①をアレンジします。

① 教師が「今日の音読は、歌舞伎役者になりきって音読します」と伝えます。

ワンポイント

歌舞伎役者の声やイメージがわからない子がいるときには、動画などを見せ、イメージを持たせます。

095 アレンジ② やまびこ読みバージョン

①をアレンジします。

① 教師が「今日は、山の頂上にいて、そこからヤッホーと言うように大きな声で音読します」と伝えます。

ワンポイント

ヤッホーと言うときのような格好をしても盛り上がります。

096 アレンジ③ 大根役者読みバージョン

①をアレンジします。

① 教師が「今日は大根役者になりきって、棒読み（抑揚をつけず単調に読む）で音読します」と伝えます。

サイコロを用意しておき、1が出たら「やまびこ」、2が出たら「歌舞伎」というように取り組むと盛り上がります。

097 喜怒哀楽読み

人数 何人でも　場所 教室　時間 5分　準備物 物語文・説明文

めあて

物語文・説明文をスラスラと読めるようになります。

学習へのつながり

【低・中・高学年】物語文・説明文を正確に読むことができます。

タイミング

物語文・説明文の学習時に、授業のはじめに行います。

進め方（遊び方）

① 教師が「今日は喜んでいるように音読します」と伝えます。
② 喜んでいる表情や、喜んでいるときの動きを考えます。
③ ②の表情や動作も入れながら、１人で喜怒哀楽読みの練習をします。
④ 全員で音読します。

ワンポイント！

音読している様子をビデオに撮っておき、クラス全員でその様子を見ることも盛り上がります。

098 アレンジ① 怒りバージョン

①②をアレンジします。

① 教師が「今日は怒っているように音読します」と伝えます。

② 怒っている表情や、怒っているときの動きを考えます。

099 アレンジ② 哀しいバージョン

①②をアレンジします。

① 教師が「今日は哀しんでいるように音読します」と伝えます。

② 哀しい表情や、哀しんでいるときの動きを考えます。

100 アレンジ③ 楽しいバージョン

①②をアレンジします。

① 教師が「今日は楽しんでいるように音読します」と伝えます。

② 楽しい表情や、楽しいときの動きを考えます。

学年 低 中 高

101 間違いを正しく読み

人数 何人でも　場所 教室　時間 5分　準備物 物語文・説明文・詩

めあて

物語文・説明文・詩をスラスラと読めるようになります。

学習へのつながり

【低・中・高学年】物語文・説明文・詩を正確に読むことができます。

タイミング

物語文・説明文・詩の学習時に、授業のはじめに行います。

進め方（遊び方）

① 教師が「先生は、どこかを間違えて音読します。みんなは間違えているところを正しく音読しましょう」と伝えます。

② 教師が１文音読したら、子どもたちは続いて１文音読します。

③ 教師が１文ごとにどこかを間違えながら、読んでいきます。

④ 子どもたちは、教師が読んだ後に正しく読んでいきます。

⑤ ②～④をくり返し、最後まで音読します。

ワンポイント！

子どもたちは思わず間違いにつられて読んでしまいそうになります。そうならないように集中して音読します。

学年 低 中 高

102 アウト読み

人数 グループ　場所 教室　時間 5分　準備物 物語文・説明文

めあて

物語文・説明文の本文を覚え、文の読解につながる素地を作ります。

学習へのつながり

【低・中・高学年】文の読解につながる素地を作ることができます。

タイミング

物語文・説明文の学習時に、授業のはじめに行います。

進め方（遊び方）

① 教師が、「先生が、これから文章のどこかをわざと間違えて読みます。間違いに気づいたときは『アウト！』と言いましょう」と伝えます。

② 教師が音読し、わざとどこかの文で間違えます。

③ 気がついた人は、「アウト！」と言います。

④ アウトと言った人に「正しくは何ですか」と聞きます。

⑤ ②~④をくり返します。

ワンポイント

「登場人物の心情」や「情景描写」「表現技法」などのところを間違えることで、次時以降の読解につながります。

103 アレンジ①　子ども同士バージョン

②をアレンジします。

② 子どもが音読し、わざとどこかの文で間違えます。

104 NEWS読み

人数 何人でも　場所 教室　時間 5分　準備物 物語文・説明文・詩

めあて

物語文・説明文・詩をスラスラと読めるようになります。

学習へのつながり

【低・中・高学年】物語文・説明文・詩を正確に読むことができます。

タイミング

物語文・説明文・詩の学習時に、授業のはじめに行います。

進め方（遊び方）

① 全員が教科書を持ち、席を立った状態になります。
② 「正面（Northの向き）」を向いて、音読をします。
③ 「右向け右（Eastの向き）」をして、音読をします。
④ 「右向け右（Southの向き、②の向きから反対）」をして、音読をします。
⑤ 「右向け右（Westの向き）」をして、音読をします。
⑥ 「右向け右（Northの向き）」をして、正面を向いたら座ります。

ワンポイント！

「右向け右」は自分のタイミングで変わっていきます。
音読をする文章量は、いくつかの段落や場面ごとにしておきます。詩以外の文章を４回ですべての文を読ませるのは子どもたちにとっては負担になります。

第4章

言葉

この章では、「言葉」のアクティビティを集めています。語彙力、言葉への感覚を楽しく高めながら、説明文や物語文の学習に楽しく取り組みませんか。

言葉

105 仲間を探せ！

人数 ペア　場所 教室　時間 5分　準備物 A4の紙に書いた言葉カード

めあて

言葉への意識を高め、より豊かに言葉の理解をしていきます。

学習へのつながり

【低学年】「まとめてよぶことば」（東京書籍１年下）、「なかまになることば」（東京書籍２年下）の学習につなげることができます。

【高学年】「和語・漢語・外来語」（東京書籍５年、光村図書５年）の学習につなげることができます。

タイミング

毎日の授業のはじめ、もしくは語彙を豊かにする学習時に行います。

進め方（遊び方）

① 「食べ物」の言葉カードを用意します。
例「きゅうり」「ピーマン」「キャベツ」「トマト」「キウイ」など

② 教師が「今から言葉カードを黒板に貼ります。仲間を探してください」と伝えます。

③ 言葉カードを黒板に貼り、仲間を探します。

④ 仲間がどれか、なぜそう思うのかペアで話し合います。

⑤ 全体に発表します。
「キウイ以外は野菜だから、仲間だよ！」「トマトだけ赤色で、きゅうり、ピーマン、キャベツ、キウイは緑色だから仲間だよ」

ワンポイント！

答えが１つにならないように言葉カードを用意すると、さまざまな角度から言葉と向き合うことができるようになります。低学年のうちから、こういった経験を積ませ、言葉の力をつけていきましょう。

106 アレンジ① 品詞バージョン

①をアレンジします。

① 「名詞」「動詞」「形容詞」の言葉カードを用意します。
例「走る」「歩く」「泳ぐ」「くつ」など

107 アレンジ② 和語・漢語・外来語バージョン

①をアレンジします。

① 「和語」「漢語」「外来語」の言葉カードを用意します。

ワンポイント 高学年の言葉の学習時に行います。

108 アレンジ③ 季節の言葉バージョン

①をアレンジします。

① 「季節」の言葉カードを用意します。
例「花火」「すいか」「海」「さんま」など

キャベツ

キウイ

教師の目

上記のアレンジだけではなく、「漢字の学習」「読解の学習」など、さまざまな場面でアレンジすることができます。
子どもたちは教師が思いもよらない観点で考え、仲間分けをします。そのときは、「よく考えたね！」と、認めていきましょう。

学年 低 中 高

109 言葉の花を咲かせよう

人数 何人でも　場所 教室　時間 5分　準備物 ワークシート

めあて

語彙が豊かになります。

学習へのつながり

【低・中・高学年】語彙指導につながります。また物語文や説明文の重要語句を取り上げて、言葉のイメージを広げ、理解を深めることで、読解の学習にもつながります。２年生だと、「なかまのことばと漢字」（光村図書２年上）の学習ともつなげることができます。

タイミング

物語文や説明文の学習の前に行います。

進め方（遊び方）

① 「言葉の花」のワークシートを、子どもに配ります。
言葉の花……花の真ん中から10枚の花びらがついているもの

② ワークシートの花の真ん中に、中心となる言葉を記入します。
例えば、「ライオン」など。

③ 中心となる言葉から連想する言葉を、花びらに書きます。

④ 10個書けたら「満開」、７個以上書けたら「七分咲き」、５個以上書けたら「五分咲き」になります。

ワンポイント！

これから学習していく物語文や説明文の重要語句を設定するとよいでしょう。教科書には、「言葉の宝箱」（光村図書）のような「言葉のページ」があり、そこでも活用できます。

110 アレンジ① クイズバージョン

ペア（２人組）で行います。

②④をアレンジします。

② ワークシートの花に、中心となる言葉を自分で記入します。

④ 花の中心を隠して、関連するまわりの言葉から中心の言葉を考える問題をペアで出し合います。

111 アレンジ② 友達と言葉の花を咲かせようバージョン

ペアやグループで１つの言葉の花ワークシートを完成させます。

①をアレンジします。

① ペア（２人組）か、グループ（４～６人）になり、ワークシートを配ります。

ワンポイント

１人で完成させるよりも、関連する言葉が広がります。１人で活動するのが難しい低学年では、特におすすめです。

「言葉の花」を、子ども同士で交流することで、同じ言葉でも、１人ひとり連想する言葉が違うことに気づくことができます。

教室に掲示しておいてもいいでしょう。

言葉

112 具体・抽象クイズ

人数 何人でも　場所 教室　時間 5分　準備物 ノート・9マス表

めあて

上位語（抽象的な言葉）と、下位語（具体的な言葉）の関係について理解を深めます。

学習へのつながり

【低学年】まとめた言葉・くわしい言葉の学習につながります。
【中・高学年】説明文のまとめと、具体例の関係性（＝具体・抽象）について理解しやすくなります。

タイミング

説明文の学習の前や、具体と抽象の関係について確認したいときに行います。

進め方（遊び方）

① 教師が、「〇〇（広い意味の言葉）、例えば？」とクイズを出します。
例「野菜、例えば？」「文房具、例えば？」「乗り物、例えば？」
② 子どもは、１分間でノートに箇条書きで思いつく限り書きます。
・たまねぎ
・にんじん
・ピーマン……など
③ どんな言葉があるか、全員で確認します。
④ たくさん書けた人に拍手します！

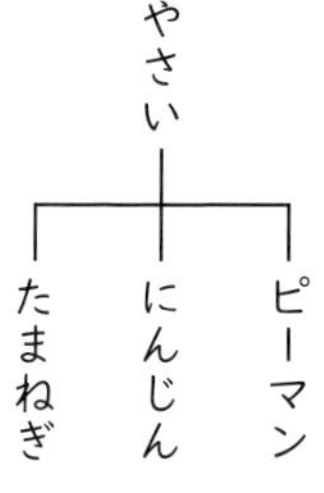

ワンポイント！

樹形図の形で板書してあげると、理解が深まります。

113 アレンジ① ビンゴバージョン

① ビンゴの９マスの表を配布する。低学年向けです。
② 真ん中のマスに、全員共通の上位語（例えば「野菜」など）を書く。
③ そのまわりの８マスに、下位語（具体的な「野菜の名前」）を書く。
④ 教師が、野菜の名前を発表しながらビンゴゲームを進めていく。

114 アレンジ② 逆バージョン

① 教師が、「●●、○○、△△、つまり？」とクイズを出します。
「たまねぎ、にんじん、ピーマン、つまり？」
② わかった子どもが答えます。　例「野菜！」
③ 正解なら、みんなで拍手します。

115 アレンジ③ レベルアップバージョン

いろいろな言葉でまとめます。高学年向けです。
①②をアレンジします。
① 最初に「クイズが、レベルアップするよ！」といって始めます。
② 「さくらんぼ、りんご、いちご、つまり？」
「くだもの」でも正解なのですが、「赤いくだもの」という言葉でもまとめることができます。
「救急車、パトカー、消防車、つまり？」
「乗り物」「車」「はたらく車」などで、まとめることができますが、「乗り物」の方が、「はたらく車」よりも広い意味であることを確かめることができます。

教師の目

「具体」「抽象」という言葉を、「例えば」「つまり」という言葉とセットで教えます。すると、授業中に子どもたちに対して、「例えば、どういうこと？」「つまりどういうこと？」という問い返しができるようになります。
また「広い意味＝抽象」「狭い意味＝具体」と教えます。

116 牛乳の飲み方、教えましょう

人数 何人でも　場所 教室　時間 10分　準備物 ワークシート

めあて

順序よく説明することができるようになります。

学習へのつながり

【低学年】説明文「たんぽぽのちえ」（光村図書２年上）や、書くこと・読むこと「馬のおもちゃの作り方」（光村図書２年下）などの学習へとつながります。

【中・高学年】接続詞「はじめに」「つぎに」「最後に」を使って、文章を書けるようになります。または、説明文の学習で、接続詞に着目して読むことにつながります。

タイミング

「順序よく説明する」というねらいの授業のはじめに行います。

進め方（遊び方）

① ステップチャートのワークシートを配ります。（P.81参照）

② お題を示します。「牛乳瓶の牛乳の飲み方」「歯の磨き方」など、子どもにとって身近なお題にします。

③ ワークシートに手順を書いていきます。

④ ③の手順で実際に行ってみます。

⑤ スムーズにできたらクリア！

ワンポイント！

「はじめてそれをする人がわかるように教えてあげようね」と声をかけます。

117 アレンジ①　接続詞を使ってバージョン

中・高学年向けです。

③をアレンジします。

③　ワークシートに、接続詞を入れる枠を作ります。接続詞を効果的に使って、説明できるように書きます。

118 アレンジ②　正しい○○の仕方教えましょうバージョン

②をアレンジします。

②　「正しい職員室の入り方」「廊下で先生とすれ違ったときの正しいあいさつの仕方」などのお題にします。

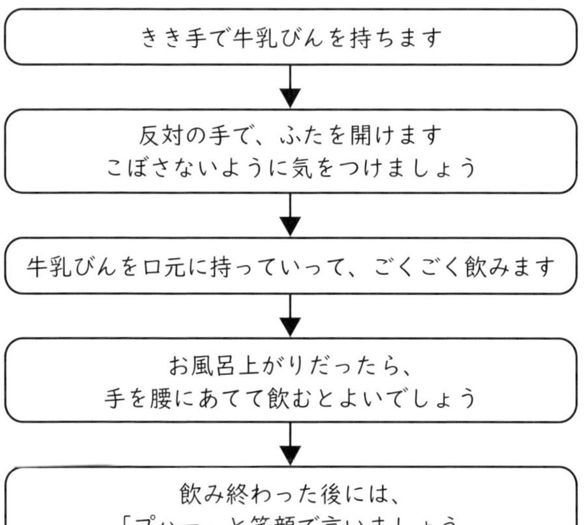

ステップチャートをもとに、接続詞を加えていくとよいでしょう。
慣れてくると、簡単なスピーチもすぐにできるようになります。

119 ちっちゃい「つ」探し

人数 何人でも　場所 教室　時間 5分　準備物 ノート

めあて

促音・拗音の言葉に慣れ親しみます。

学習へのつながり

【低学年】促音や拗音、濁音、半濁音の学習のとき、言葉探しや言葉の練習へつながります。

タイミング

授業のはじめに行います。

進め方（遊び方）

① 教師が「ちっちゃい『つ』のつく言葉をできるだけたくさんノートに書きましょう。時間は1分です」と伝えます。
② 「用意、スタート！」で始めます。
③ ノートに、言葉を思いつく限り書きます。
④ 1分後に、鉛筆を置きます。
⑤ クラス全体で、言葉を発表し合って、全員で声に出してその言葉を読みます。
⑥ 1番多く書いた人の勝ちです。

ワンポイント！

制限時間は、子どもの実態に合わせて変えていきましょう。なかなか書けない子もいるので、「ひとつ書けたらいいよ」などと、ハードルを下げてあげましょう。

120 アレンジ① ちっちゃい「や・ゆ・よ」探しバージョン

課題を、拗音にします。

①をアレンジします。

① 教師が「ちっちゃい「や・ゆ・よ」のつく言葉をできるだけたくさんノートに書きましょう。時間は1分です」と伝えます。

121 アレンジ② にごった音探しバージョン

課題を、濁音にします。その後の展開は同様にしていきます。

①をアレンジします。

① 教師が「『ざじずぜぞ』のように『゛』のつく言葉をできるだけたくさんノートに書きましょう。時間は1分です」と伝えます。

122 アレンジ③ 「゜」のつく音探しバージョン

課題を、半濁音にします。その後の展開は同様にしていきます。

①をアレンジします。

① 教師が「『ぱぴぷぺぽ』のように『゜』のつく言葉をできるだけたくさんノートに書きましょう。時間は1分です」と伝えます。

ワンポイント

半濁音だけでは難しそうなときは、濁音＆半濁音探しにします。

123 どんどん上れ！言葉の階段

人数 何人でも　場所 教室　時間 5分　準備物 ワークシート

めあて

促音・拗音の言葉に親しみます。語彙を増やしていきます。

学習へのつながり

【低学年】促音や拗音の学習をする際の、言葉探しにつなげていきます。

【中学年】気持ちを表す言葉などの言葉探しにつなげていきます。

タイミング

授業のはじめや、言葉の学習のときに行います。

進め方（遊び方）

① 3～10文字のマスを階段状にかいたワークシートを用意します。

② 教師が「ちっちゃい『つ』のつく言葉を階段ワークシートに書きましょう。時間は１分です。用意スタート！」と言います。

③ 8段のうち、たくさん埋めることができた人が勝ちです。

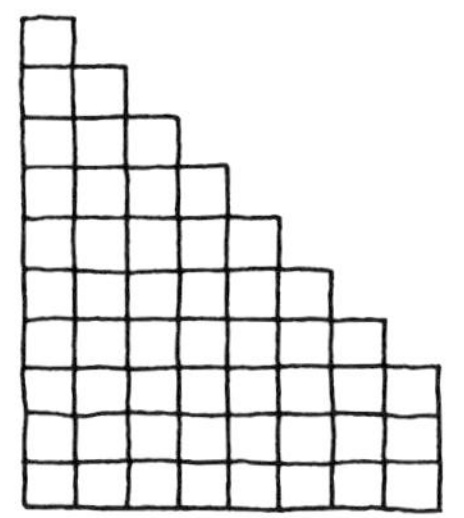

ワンポイント！

お題は、促音・拗音・濁音・半濁音・気持ちを表す言葉・動きを表す言葉などでも取り組むことができます。制限時間は、子どもの実態に合わせて変えていきましょう。

124 アレンジ①　何段まで上がれるかな？バージョン

①をアレンジします。ワークシートを用意せず、ノートに３段からスタートします。「３文字の言葉」→「４文字の言葉」→「５文字の言葉」→…と、制限時間内にどこまでいけるかを競い合います。

125 アレンジ②　グループ対抗戦バージョン

②③をアレンジします。

② グループで階段を完成させていきます。制限時間は１分です。

③ 黒板に大きく階段のマスを書きます。グループごとに、「せーの、３文字の言葉、コップ！」のようにして、順番に言葉を１つずつ答えていきます。答えることができなくなったグループが脱落していきます。最後まで残ったグループの勝ちです。

126 アレンジ③　みんなで協力バージョン

アレンジ②をアレンジします。グループ対抗ではなく、クラス全員で完成させます。

言葉

127 国語辞典に載ってそうコンテスト

人数 グループ　場所 教室　時間 30〜45分　準備物 ノート 国語辞典

めあて

国語辞典に慣れ親しみ、言葉に対する感覚を高めます。

学習へのつながり

【中学年】言葉に親しむことができます。また、国語辞典の言葉の意味が、考え抜かれて吟味されたものであることを感じ、辞書への見方を広げていくようになります。

タイミング

国語辞典の学習時や、国語辞典に親しみをもってほしいときに行います。

進め方（遊び方）

① グループ（4〜6人）になります。
② 教師が「『右』という言葉の意味が、国語辞典にどのように載っているのか、予想して書こう」と伝えます。
③ ノートに書き、グループで交流します。
④ 次に、「グループで、『実際に国語辞典に載ってそうチャンピオン』を決めよう」と伝えます。
⑤ ノートに、言葉と意味を考えて書きます。
⑥ グループのチャンピオンを決め、その中からクラスチャンピオンを決めます。（グループチャンピオンだけ決めて終わるのも可）

ワンポイント！

「右」以外にも、当たり前のように使っている言葉を調べるとおもしろいです。さまざまな出版社の国語辞典で調べてみると、それぞれ表現や、説明の仕方がさまざまあることにも気づかせましょう。

128 アレンジ① 〇〇を辞書風に解説しようバージョン

みんなで共有できる学校やクラスの身近なことを辞書風に解説して、チャンピオンを決めます。

例「20分休憩」「給食」「〇年〇組の黒板」など

①②③をなくして、④⑤⑥をアレンジします。

④　教師が「身近な学校やクラスのことを辞書風に解説してみよう」と伝えます。

⑤　ノートに、言葉とその意味を考えて書きます。

⑥　グループのチャンピオンを決め、その中からクラスチャンピオンを決めます。（グループチャンピオンだけ決めて終わるのも可）

129 アレンジ② 例文チャンピオンバージョン

②をアレンジします。

②　教師が「『右』という言葉の例文が、国語辞典にどのように載っているのか、予想して書こう」と伝えます。

国語辞典に載っている言葉の説明が、いかに吟味されて作られたものか、子どもたちに感じさせたいものです。

「『右』とは、『えんぴつを持つ手の方』とは、書かれていないね。左利きの人や、手で鉛筆を持てない人もいるから、できるだけ多くの人がわかるような表現になっているんだね」など、補足してあげるとよいでしょう。

言葉

130 やまびこ山の手線ゲーム

人数 何人でも　場所 教室　時間 5分　準備物 なし

めあて

対義語・類義語について学習します。

学習へのつながり

【低学年】「にたいみのことば、はんたいのいみのことば」（光村図書２年下）の学習につながります。

【中学年】国語辞典の対義語の学習につながります。

タイミング

２年生では、「にたいみのことば、はんたいのいみのことば」の学習の後に行います。

３年生では、国語辞典の使い方を学んだ後に行います。

進め方（遊び方）

①　教師が「先生が言う言葉の反対の言葉を言ってね」と言います。

②　教師「大きい！」（手拍子「チャッ、チャッ！」）
　　子ども「小さい！」
　　教師「女の子！」（手拍子「チャッ、チャッ！」）
　　子ども「男の子！」

③　途中で止まるか、時間まで続けます。

ワンポイント！

対義語は３種類あります。

①「出席⇔欠席」のように中間の段階が考えられないもの。

②「大きい⇔小さい」のように中間の段階のあるもの。

③「親⇔子」のように両者が相互関係にあるものなどがある。

131 アレンジ① 子ども代表バージョン

教師の代わりに、子どもが代表を務める。

②をアレンジします。

② 子ども代表「大きい！」（手拍子「チャッ、チャッ！」）
子ども「小さい！」
子ども代表「女の子！」（手拍子「チャッ、チャッ！」）
子ども「男の子！」

132 アレンジ② 連想バージョン

「連想」にアレンジします。

①をアレンジします。

① 教師が「前の人が言う言葉から連想する言葉を言ってね」と言います。

語彙指導の充実が求められるようになってきました。
対義語や類義語といっしょに語彙指導をしていきましょう。

言葉

133 名言コンテスト

人数 何人でも　場所 教室　時間 30～45分　準備物 物語文・説明文

めあて

物語文の中の会話文に着目し、その会話文にこめられた思いについて考えます。

学習へのつながり

【中・高学年】会話文から、登場人物の心情やその変化、物語の中でその会話文がもつ意味などについて考えて、読み深めていきます。

タイミング

物語文・説明文の学習時に行います。

進め方（遊び方）

① 教師が「この物語の中で、『これは名言だ！』と思う会話文を1つ選んでください」と言います。

② 子どもは、物語文から選んだ会話文をノートに書きます。

③ 全体で発表し、板書します。

④ 出た会話文の中から投票で、ナンバーワン名言を決めます。

ワンポイント！

学習した物語文を再度読み、名言を考えることで、再び物語を会話文に着目しながら味わうことができます。そこからさらに、名言を決めたところから、詳細な読解につなげていくことができます。「どうしてそれをナンバーワン名言だと思ったの？」と問い返していきます。また、子どもたちから「こっちの方が名言だ！」という発言があれば、そこから議論していっても深めていくことができるでしょう。

134 アレンジ① 物語文バージョン

①をアレンジします。

実際に物語には出てこないが、その場面で登場人物が言いそうな名言を考えます。

135 アレンジ② 説明文バージョン

①をアレンジします。

筆者の主張を読み取り、筆者が言いそうな名言を考えます。

136 アレンジ③ 自由バージョン

①をアレンジします。

日々の生活や、行事を通して感じたことを「○○（物語の登場人物）が言いそうな名言（風）」にします。

例：「卒業を前にした子どもたちに、与吉じいさが言いそうな名言」など

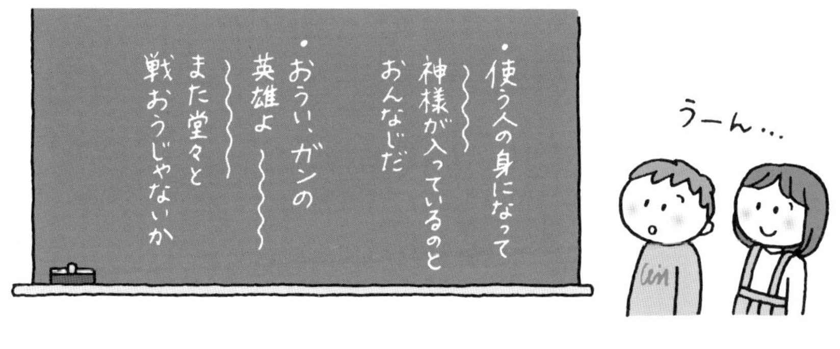

言葉

学年 低 中 高

137 合わせひらがな

人数 グループ　場所 教室　時間 5～10分　準備物 紙（1辺10cm程度の大きさ）

めあて

偶然できた言葉の音を楽しみ、言葉のおもしろさにふれます。

学習へのつながり

【低・中・高学年】言葉のおもしろさを感じ、言葉への興味・関心を高めます。

タイミング

授業のはじめに行います。

進め方（遊び方）

① 5人1組になります。

② グループの人に見られないように、ひらがな1文字を紙に書きます。(グループが5人より少ない場合は、5枚になるように1人2～3枚書きます)

③ 「せーの」でひらがなを見せ合います。

④ 出た5文字を使って、5文字の言葉を作ります。

⑤ グループで作った言葉を発表します。

⑥ 1番おもしろい言葉を作ったグループを選び、みんなで拍手します。

ワンポイント！

ひらがなポーカーというカードゲームがあります。そのゲームを応用したものです。

138 言葉探しぴったんこ

人数 何人でも　場所 教室　時間 15分　準備物 物語文・ビンゴの紙

めあて

物語文に出てくるさまざまな言葉に着目できます。

学習へのつながり

【低・中・高学年】その場面の言葉をていねいに読み、着目することによって、読解に生かしていくことができます。

タイミング

物語文の学習時に行います。

進め方（遊び方）

① 「物語の中から、（場合によっては場面を限定して）、動きを表す言葉を見つけてビンゴのマスに書きましょう」

② 該当の場面を音読し、ビンゴの用紙に言葉を書いていきます。

③ 教師もしくは、子どもたちから言葉を発表し、その言葉を書いていたら、「ぴったんこ！」と言って、丸をつける。たくさん丸がついた人の勝ちです。

ワンポイント！

心情の読み取りにつなげていくには、「様子を表す言葉」や「気持ちを表す言葉」をテーマにするとよいでしょう。また、色彩表現が豊かな物語文だと、「色を表す言葉」、オノマトペをよく使っている物語文だと、「オノマトペ」をテーマにするとよいでしょう。ただし、「該当する言葉がたくさんない！」ということがないように、あらかじめゲームが成立するか教師が試しておく必要があります。

139 国語記憶力試し！

人数 何人でも　場所 教室　時間 5分　準備物 漢字や言葉のスライド・紙

めあて

漢字の定着、物語文・説明文の読解で着目させたい言葉の意味を知ることができます。

学習へのつながり

【低・中・高学年】漢字や言葉に着目させることによって、今後の漢字や読解の学習につながります。

タイミング

漢字の学習時や、読解の学習時の単元の前半に行います。

進め方（遊び方）

① クイズを用意します。
プレゼンテーションソフトで、３～５個の漢字、または学習していく物語文や説明文のキーワードのスライドを作っておきます。

② 教師が「今から画面にいくつか漢字（言葉）が現れます。それを覚えましょう。後でどんな漢字（言葉）が見えたか聞きます」

③ 子どもに１秒だけスライドを見せて、隠します。

④ 「どんな漢字（言葉）が見えた？」と聞きます。

⑤ 見えた言葉を発表させ、板書します。

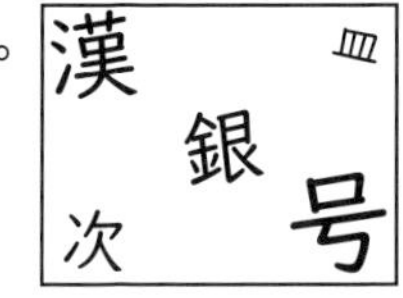

ワンポイント！

１回ではわからなかったら、③を何回でもしてあげます。
「ノートに３回ずつ書きましょう」という指示を出し、漢字の学習を発展させることができます。また、「この言葉は何段落（何場面）のどこにある？」や「国語辞典で調べよう」とすると、読解の学習にもつながります。

第5章

話す・聞く

この章は「話す・聞く」のアクティビティを集めています。「話す・聞く」を育てることは難しいと感じていませんか。日常的に行うことによって、子どもたちの「聴く」への意識を高めていきましょう。

学年 低 中 高

140 視線合わせてウィンク

人数 何人でも　場所 教室　時間 5分　準備物 特になし

めあて

聞き手の目を見ながら話をしたり、話し手の目を見ながら聞いたりすることができます。

学習へのつながり

【低学年】毎日の指導で、「話している人の目を見て聞く」ということを教えていくことができます。

【中・高学年】「話す・聞く」の基本的な姿勢を教えることができます。話す人は、目でもメッセージを送れることを知ることができます。

タイミング

授業のはじめに行います。特に、「話す・聞く」の単元の中で行います。

進め方（遊び方）

① 教師が、子どもたちにわからないようにリーダーを１名指名する。

② 全員席を立ち、教室の中央を向く。

③ 選ばれたリーダーは、目があった人にウィンクをする。ウィンクをされた人は、座っていきます。

④ 制限時間内で、リーダーを当てます。

⑤ リーダーがわかったら手を挙げて、リーダーの名前を言います。

⑥ リーダーがばれてしまった時点で終わりです。

ワンポイント！

普段、子どもたちは目を見るということをなかなか意識しません。アイコンタクトの重要性を教え、目を合わせるということに慣れていきましょう。

141 アレンジ① 全員座らせろ！バージョン

①②③④をアレンジします。

① 教室の前で音読を行うリーダーを決めます。
今回はヒミツにする必要はありません。

② 全員、席を立ち音読します。

③ リーダーは音読を行いながら、聞き手の目を見て、音読しながらウィンクしていきます。

④ 聞き手は、リーダーにウィンクされたら席に座っていきます。

142 アレンジ② 全員一斉に音読バージョン

①②③④をアレンジします。

① 全員がリーダーになります。

② 全員が立って音読します。

③ たまに友達の方に視線を上げ、ウィンクをします。

④ ウィンクをされたら、席に座って音読を続けます。

143 アレンジ③ 全員一斉に暗唱バージョン

アレンジ②の暗唱バージョン

今後、スピーチの学習につなげていく場合には、「視線を合わせてウィンクをしているつもりでスピーチするといいよ（聞くといいよ）」と声をかけます。また、スピーチ以外の場面でも、アイコンタクトが生かせることを伝えます。

話す・聞く

学年 低 中 高

144 イエスを引き出せ！

人数 ペア　場所 教室　時間 5分　準備物 なし

めあて

質問する力、対話する力をつけることができます。

学習へのつながり

質問やインタビューする単元につなげたり、自分が得たい情報を聞くために問い方を教えることができます。

タイミング

授業のはじめに行います。

進め方（遊び方）

① ペアになり、先攻・後攻を決めます。
② 先攻の人が席を立ちます。
③ 先攻の人は、相手が「はい」か「いいえ」で答えられる質問をします。
④ 後攻の人は、質問に対して「はい」か「いいえ」で答えます。
⑤ ３つ「はい」を引き出したら、先攻の人は座ることができます。
⑥ 先攻と後攻を入れ替えてくり返します。
⑦ ペアを変えて、さらにくり返すことができます。

ワンポイント！

「はい」を引き出そうと思ったら、「〇〇ちゃんの好きなもの何だっけ？」「いつもあそこに遊びに行っている話をしているな」など、相手の立場に立たないと質問できません。友だち理解にもつなげていきましょう。

145 アレンジ① 質問スピーチバージョン

① スピーチをする人が、前に立ちます。
② スピーチをする人は、お題に対して、１文で答えます。例えば、「夏休みにしたこと」がお題だと、「わたしは海に行きました」と１文で答えるわけです。
③ 聞き手は、質問をして、話し手の情報を引き出していきます。
④ 何度か質問をくり返していきます。

「問い」は、
・クローズな問い（「はい」「いいえ」で答えられる問い）
・オープンな問い（「何を？」「どのように？」などを問うもの）
に大別できます。
この２つの問いの違いを意識できるようにしていきます。
そのために、このアクティビティ144・145を両方することをおすすめします。アレンジ①で、クローズな問い（質問）をしても、話が発展しません。情報を引き出したり、会話を発展させたりしていくには、オープンな問いが重要であることを感じさせていきましょう。

146 消しゴムキャッチ

人数 ペア　場所 教室　時間 5分　準備物 消しゴム

めあて

聴く力を育てることができます。

学習へのつながり

【低・中・高学年】注意深く、聴く力を育てることができます。

タイミング

物語文、説明文の学習時に、授業のはじめに行います。

進め方（遊び方）

① ペア（2人組）になり、向かい合って座ります。
② 2人の間に消しゴムを置きます。
③ 教師が文を音読します。
④ 教師が読むのをストップしたら、置いている消しゴムをとります。
⑤ 先にとった人の勝ちです。

arrange アレンジ

147 アレンジ①　漢字バージョン

③④をアレンジします。
③ 教師が、黒板に漢字を書いていきます。
④ この学年で学習した漢字が出てきたら、置いている消しゴムをとります。

第6章

書く

この章では、「書く」のアクティビティを集めています。書くことが得意な子もいれば、何を書いていいか悩む子もいます。書くことが苦手な子たちでも楽しむことができるアクティビティばかりです。楽しく子どもたちと書く活動をしませんか。

学年 低 中 高

148 おもしろタイトル合戦

人数 何人でも　場所 教室　時間 5～15分　準備物 ノート

めあて

作文のタイトルに、こだわることができるようになります。

学習へのつながり

【低・中・高学年】作文を書く際に、こだわって題名をつけるという意識を持たせることができます。

タイミング

日常的に取り組めます。特に、作文を書く前に行います。

進め方（遊び方）

① 教師が、「今日の日記を書くという想定で、おもしろタイトルを考えよう」と伝えます。

② 子どもは、日記のおもしろタイトルを考え、ノートに書きます。

③ 机の上におもしろタイトルを書いたノートを広げ、教室を自由に見回って友達のおもしろタイトルを見つけます。

④ 投票をして、おもしろタイトルナンバーワンを決定します。

ワンポイント！

作文を書く機会を多くとることが難しいです。「題名にこだわって！」などと声かけしますが、なかなか子どもたちは内容に手いっぱいで題名を工夫することができません。そこで、日常的にタイトルを考えることを、アクティビティを通して行っていきます。「『読んでみたい！』と思わせる題名がいいね」と声をかけます。

149 アレンジ①　グループバージョン

②③④をアレンジします。

② 自分が考えたタイトルをグループ（４～６人）で発表します。その中で１番おもしろい、日記を読んでみたいというタイトルを選びます。

③ 各グループで１番おもしろかったタイトルを、黒板に書きます。

④ グループ代表のタイトルの中から、クラスチャンピオンを決めます。

150 アレンジ②　今日の学びバージョン

日記のタイトルを「今日の授業のふり返り」にします。

①をアレンジします。

① 国語授業の最後に教師が、「授業のふり返り作文のタイトルを考えよう」と伝えます。

151 アレンジ③　行事作文バージョン

行事作文を「おもしろタイトル」で考えます。

行事作文を書く前、もしくは書いた後に、タイトルのみ取り出して、おもしろタイトルナンバーワンを決めます。

152 アレンジ④　おもしろ書き出しバージョン

タイトルではなく、書き出しだけを書いて、同様に行うことができます。

なかなか日記や作文を書く時間をとれないものです。

「タイトル」や、「書き出し」など一部分だけを取り出して、少しでも書く経験を増やしていくことで、作文の質を高めたり、楽しんで取り組む姿勢を持たせたりすることができます。

書く

書く

153 いいね！アドリブ「返歌」

人数 ペア　場所 教室　時間 15分　準備物 ノート・メモサイズの付箋

めあて

川柳風に日記を書くことで、五・七・五のリズムに親しめます。

学習へのつながり

【中・高学年】五・七・五の学習で、リズムを楽しめるようになります。

タイミング

日記指導にアクセントをつけたいときや、五・七・五のリズムを学んだ後に行います。

進め方（遊び方）

① 今日のうれしかったことや悲しかったことを五・七・五でノートに書きます。

② 書き終わったら、全員が教室を歩き回り、出会った人とペアをつくります。

③ ペアでじゃんけんをし、負けた人が五・七・五をよみ、勝った人がそれに対して「返歌」（五・七・五の歌）をよみます。

④ 役割を入れかえてくり返し、終わったら席に着きます。

⑤ おもしろい「返歌」をもらった人が発表し、全体で共有します。

⑥ みんなで「いいね～！」と言って、その「返歌」をよんだ人に「いいね！アドリブ大賞」を授けます。

ワンポイント！

歌を受け取った人が、その歌の返事を歌にして返すのが「返歌」です。いかにして、即興で返せるかを楽しむアクティビティです。難しいので、五・七・五のリズムに慣れてから行いましょう。

154 アレンジ① 五・七・五・七・七バージョン

①と③をアレンジします。

① 今日のうれしかったことや悲しかったことを五・七・五・七・七で表します。

③ ペアでじゃんけんをし、負けた人が五・七・五・七・七をよみ、勝った人がそれに対して「返歌」（五・七・五・七・七の歌）をよみます。

155 アレンジ② 筆談バージョン

③をアレンジします。

③ 机に、自分の歌を書いたノートを置いておき、みんながそれぞれ自由に読んで回ります。メモサイズの付箋に「返歌」を書いてノートに貼ります。

ワンポイント

「返歌」をもらうことをできるのが、一部の子にかたよらないように、「みんなが返歌をもらってハッピーになれるようにね」と事前に指導しておきましょう。

書く

156 なりきり川柳クイズ

人数 何人でも　場所 教室　時間 5分　準備物 ノート

めあて

五・七・五のリズムに親しむことができます。

学習へのつながり

【中・高学年】五・七・五の学習で、リズムを楽しめるようになります。

タイミング

五・七・五のリズムを学んだ後に行います。

進め方（遊び方）

① 教師が、「今から先生は、あるものになりきって川柳をよみます。何になりきってよんだのか当ててね」と伝えます。なりきり川柳の話者が誰なのか、クイズ形式にします。

② (なりきり川柳をよんで)「何になりきったと思いますか」
例「みんながね　勉強するほど　真っ黒に」

③ 正解がわかった人は立っていきます。

④ 子どもたちが「せーの、〇〇（消しゴム）！」と答えを言います。

⑤ 正解を発表し、どの表現から正解が分かったのかを問います。

157 アレンジ① 子どもが出題者バージョン

①をアレンジします。

① あらかじめ、子どもが何か身近なものになりきって川柳を書き、出題者となります。

五・七・五のリズムを楽しむために、生活の中で、授業の中で、様々な場面で取り入れていきましょう。また、音楽の教科書に載っているような、五七調や七五調の童謡に目を向けさせるのもおもしろいです。各学校の校歌を調べてみるのもおもしろいですよ。

158 30秒ふり返り

人数 何人でも　場所 教室　時間 5分　準備物 ストップウォッチ

めあて

授業をふり返る力をつけることができます。

学習へのつながり

【低・中・高学年】授業をふり返り、今日学習した大切なことに改めて気づくことができます。

タイミング

授業の最後、まとめに行います。

進め方（遊び方）

① 今日の授業でどのようなことを学習したかを思い出します。
② 思い出したことを30秒以内でまとめます。
③ みんなの前で発表します。
④ 30秒で発表できたら、拍手します。

159 (　　　)リレー

人数 グループ　場所 教室　時間 5～15分　準備物 A4の紙

めあて

作文、川柳を楽しみながら書くことができます。

学習へのつながり

【低・中・高学年】作文、川柳、短歌をみんなでつくることができます。

タイミング

授業のはじめや、すきま時間に行います。

進め方（遊び方）

① グループ（3～5人）になります。

② 1人が物語を1文書いたら、次の人に渡します。

③ グループで何周かして、物語を完成させます。

④ 完成した物語は読み合います。

160 アレンジ①　短歌バージョン

②③④をアレンジします。

② 五七五七七のどこを担当するかを決めます。

③ テーマを決め、テーマごとにそれぞれが書きます。

④ 5人で合わせたときに、意味が通じたらクリアです。

★国語アクティビティの感想★

実際に教室で行ったときの子ども、参観に来られた保護者の方からの感想です。

国語アクティビティ、最高に面白いです！
ただ書かされているだけの漢字練習が嫌いでした。
でも、国語アクティビティだと楽しんで、漢字練習ができて、最高です！

私は勉強が嫌いです……。
でも、先生がしてくれる国語アクティビティで嫌いな勉強が、少しは好きになりました。
これからもどんどんしてほしいです。
国語アクティビティが教科書に載ればいいのに！

楽しかったけど、たくさん書けなくて悔しかった！
今度は、いっぱい書きたい！またしてください！

参観授業で初めて「国語アクティビティ」を見ました。
正直、最初は「国語なのに遊んでいるの？」と思いました（先生、ごめんね　笑）。
でも、子どもが一生懸命に取り組んでいる様子を見ると、嬉しい気持ちになりました。

参観授業で、あまり手をあげてくれません。
理由は「みんなの前で間違えることがはずかしいから」と言っていました。
でも、アクティビティのときは間違えても、失敗しても気にすることなく笑顔で楽しんでいました。
家でも、「お母さん一緒にしよ！」と言われて、一緒に漢字のアクティビティに取り組んでいます。

第7章

読書・図書室

この章では、「読書」のアクティビティを集めています。読書は好き嫌いがはっきり分かれます。好きな子は永遠に読み続けることができますが、嫌いな子は全然読むことができません。どの子も取り組めるアクティビティで子どもたちと本に親しみませんか。

（図書館・図書室の表記を「図書室」で統一しています）

学年 低 中 高

161 (　　　)イメージの本探し

人数 何人でも　場所 図書室　時間 10〜15分　準備物 本

めあて

自分が選んだ本に興味を持って、読むことができます。

学習へのつながり

【低・中・高学年】楽しみながら、読書することができます。

タイミング

図書の時間に行います。

進め方（遊び方）

① 図書室で全員席に座ります。

② 教師が「○色をイメージした本を探しましょう」と伝えます。例えば、「色」。タイトルが赤色でも、絵本の色が赤色などその子がイメージしたのなら構いません。

③ 子どもは、○色をイメージした本を図書室から5分で探します。

④ 見つけたら、自分の席に戻り残り時間はその本を読みます。

⑤ その本が気に入ったら、借りるようにします。

162 アレンジ①　動物バージョン

②③をアレンジします。

② 教師が「動物をイメージした本を探しましょう」と伝えます。例えば、「きつね」。タイトルがきつねでも、表紙の絵がきつねなどその子がイメージしたのなら構いません。

③ 子どもは、動物をイメージした本を図書室から５分で探します。

163 アレンジ②　今の気持ちバージョン

②③をアレンジします。

② 教師が「今の自分の気持ちをイメージした本を探しましょう」と伝えます。
例えば、「悲しい気持ち」。タイトルでも、表紙の絵のイメージでもその子がイメージしたのなら構いません。

③ 子どもは、イメージした本を図書室から５分で探します。

164 アレンジ③　曲バージョン

②③をアレンジします。

② 曲を流し、教師が「今の曲をイメージした本を探しましょう」と伝えます。

ワンポイント　歌詞のないサントラがおすすめです。

③ 子どもは、曲をイメージした本を図書室から５分で探します。

165 アレンジ④　天気イメージバージョン

②③をアレンジします。

② 教師が「今日の天気をイメージした本を探しましょう」と伝えます。

③ 子どもは、今日の天気をイメージした本を図書室から５分で探します。

166 〇〇本探し

人数 何人でも　場所 図書室　時間 30分　準備物 本

めあて

多面的に情報を集めたり、NDCへの理解を深めたりすることができます。

学習へのつながり

【中学年】「図書館たんていだん」（光村図書３年上）の学習で、本の分類を学んだ後。

【高学年】「図書館を使いこなそう」（光村図書５年）の学習で、日本十進分類法を学んだ後。

実際に図書館を使ってみるという活動につなげていくことができます。

タイミング

図書の時間、図書室で学習するはじめの時期に行います。

進め方（遊び方）

① 教師が、「ねこに関係する本を１冊もってきましょう。ねこが出てきたら、どんな本でも構いません。５分です。用意スタート」と伝えます。

② 子どもたちが本を探しに行きます。

③ 時間が来たら、本のタイトル、NDC分類番号０～10を１人ずつ発表します。

④ 教師は、番号を黒板に書いていきます。

⑤ 自分の選んだ本と友だちが選んだ本の違いを発表します。

ワンポイント！

「同じ『ねこ』をテーマにしても、たくさんの面から情報を集めることができるんだね」「０～10の分類、クラス全員で制覇しよう！」と始めると、意欲も高まります。

167 アレンジ① 私の夏休み本探し～本を通して友だちを知ろう～

①③をアレンジし、④⑤をなくします。

① 探してくる本のテーマを、「わたしの夏休み（冬休み）」を表す本に変えます。

③ 本の紹介とともに、自分の夏休みについても話します。

教師の目

各教科の学習に合わせて、「天気」「昆虫」「水」「米」「日本」「歴史」などをテーマにすることができます。

情報を集めていくとき、多面的に情報を集められるようにしたいものです。「ねこのことは動物図鑑」という見方から、「それ以外のところからも情報を集めることができる」という見方に、アクティビティを通して広げていきましょう。

また、学年のはじめの図書館のオリエンテーションの活動にすることもできます。

168 読書リレー

人数 グループ　場所 図書室・教室　時間 10〜15分　準備物 本

めあて

本をリレーで回していき、感想を交流して広げます。

学習へのつながり

【低・中・高学年】楽しみながら、読書することができます。

タイミング

朝の帯時間や、すきま時間に行います。

進め方（遊び方）

① １人ひとりに本を用意しておきます。
② グループ（４〜６人）になります。
③ 本を読みます。
④ 本を読み終えると、その本を隣の人に渡します。
⑤ ③④をくり返します。

ワンポイント！

それほどページ数が多くない本を用意しておきます。

１日の取り組みではなく、何日間かかけてこのアクティビティは行います。

読書

169 しるし本リレー

人数 グループ　場所 教室　時間 10～15分　準備物 本

めあて

１冊の本をリレーで回していき、感想を交流していきます。

学習へのつながり

【低・中・高学年】楽しみながら、読書することができます。

タイミング

朝の時間や、すきま時間に行います。

進め方（遊び方）

① １人ひとりに本を用意しておきます。
② グループ（４～６人）になります。
③ 本を読みながら、自分の思ったことや気づいたことなどを本に書き込みます。
④ 本を読み終えると、その本を隣の人に渡します。
⑤ ③④をくり返します。

ワンポイント！

本に書き込みをするため、取り組みづらいアクティビティかもしれません。しかし、教科書の後ろの方には読み物教材が掲載されています。教科書はみんな持っているものですので、教科書を使用しても構いません。

学年 低 中 高

170 沈黙の読書タイム

人数 何人でも　場所 図書室・教室　時間 5分　準備物 本

めあて

ただただ静かに読書をします。

学習へのつながり

【低・中・高学年】本を読むという習慣を身につけます。

タイミング

朝の時間や、すきま時間に行います。

進め方（遊び方）

① 5分間、とにかく静かに本を読みます。

② 思わず話をしてしまったりするとアウトになります。

③ 時間まで、静かに読めたら成功！

ワンポイント！

途中で教師が変顔をしたり、おもしろいことを言ったりしても、反応することなく本を読み続けます。

171 読み聞かせイントロドン

人数 何人でも　場所 図書室・教室　時間 5分　準備物 本

めあて

本に興味を持ち、どのような本でも読もうとする態度を養います。

学習へのつながり

【低・中・高学年】本を読むという習慣を身につけます。

タイミング

朝の時間や、すきま時間に行います。

進め方（遊び方）

① 教師が、「『読み聞かせイントロドン』をします」と言います。

② 全員で「読み聞かせイントロドン！」と声をそろえて言います。

③ 教師が「昔、昔……」と、本の冒頭を読み始める。

④ 子どもは、何の本かわかったら手を挙げ、その本のタイトルを発表します。

⑤ 正解ならみんなで拍手！
不正解なら続きを読みます。（正解まで続ける）

172 アレンジ①　準備バージョン

みんなが知っている本で、「読み聞かせイントロドン」を行います。
①の前に追加します。

① 読み聞かせイントロドンを行うために、読み聞かせイントロドンで使用する絵本や本を紹介します。

② 期日までにそれらの本を読んでおくように伝えます。

173 比べる対決

人数 何人でも　場所 図書室　時間 10～15分　準備物 ベン図のプリント

めあて

２つの事柄を比較して、共通点と相違点を見つけます。

学習へのつながり

【低学年】２つのものを比べ、情報を整理していく学習につなげることができます。

【中学年】「くらしの中の和と洋」（東京書籍４年）「アップとルーズで伝える」（光村図書４年上）の学習につなげていきます。

タイミング

「比べる」という思考を使う学習の前に行います。

進め方（遊び方）

① 教師が、ベン図の説明をします。（重なっているところには同じ・似ていることを、それ以外のところには、違うところを書く）

② 教師が「パトカーと救急車を比べよう。同じ・似ているところを見つけたら２点、それぞれ違うところを見つけたら１点です。制限時間は３分です」と伝えます。

③ 子どもたちは本で調べたりしながら、ベン図に書きこんでいきます。

④ 時間が来たら、点数を数え、たくさん点を取った人を「比べる博士」に認定します。

ベン図

ワンポイント！

何の観点で比べたのかも大事にしましょう。「色」「形」「はたらき」など、何の観点で比べたのかも、子どもたちと確認していきます。

第8章

読解力

この章は、「読解力」のアクティビティを集めています。読解の土台となる「読みの構え」をつくります。「音読する」「自分の考えを書く」「交流する」……読解の授業の流れにアクセントをつける活動をしてみませんか。

174 丸の数を数えましょう

人数 何人でも　場所 教室　時間 5～10分　準備物 説明文

めあて

句点を数えることで、形式段落が何文構成になっているか確かめます。

学習へのつながり

【低学年】文とは、直前の文の「。」の次の文字から、「。」までが1文であることを教えることができます。

【中・高学年】説明文の形式段落の中心文を見つけるときには、形式段落が何文で構成されているかをあらかじめ数えておくことの大切さがわかります。

タイミング

説明文の学習の前に行います。

進め方（遊び方）

① あらかじめ、学習する説明文に形式段落番号をつけておきます。

② 教師が「今から○段落の丸（句点）の数を数えます。数がわかったら、静かに手を挙げましょう」と伝えます。

③ 子どもは、指定された段落の句点の数を数えます。

④ 全員の手が挙がったら、「せ～ので！」で全員が丸の数を言います。

⑤ 全員で正解を確かめます。

⑥ 正しく数えることができた人に拍手！

ワンポイント！

「文字」→「言葉」→「文」→「形式段落」→「意味段落」→「はじめ・中・おわり」→「文章」といったように、文章の中には、さまざまなまとまりが存在することを意識させることが大切です。

175 アレンジ① 丸が1番多い段落を探せ！バージョン

全形式段落の丸の数を数えていきます。

②をアレンジします。

② 教師が「今から、この文の丸（句点）の数を数えます。丸の数が一番多い段落とその数がわかったら、静かに手を挙げましょう」と伝えます。

176 アレンジ② 中心文はどこ？バージョン

⑤の後に加えます。

⑥ 教師が「中心文はどこですか？」と発問します。

⑦ 全員で交流します。

ワンポイント

形式段落が3文構成になっているのなら、3文の中で「まとめ」になっている形式段落を見つけます。「すがたをかえる大豆」（光村図書）「かるた」（光村図書）など、わかりやすい構成になっている説明文の学習において有効です。

遊び感覚で「。」の数を数えていくことで、自然に文意識が高まっていきます。

読解力

177 「〇〇」って言うゲーム

人数 何人でも　場所 教室　時間 5～15分　準備物 なし

めあて

感嘆詞や短い言葉にもこだわって音読できるようになります。

学習へのつながり

【低学年】物語文「お手紙」で、前半の『ああ。いちども。』と後半の『ああ。』という２つの会話文があります。これらの２つにこめられた心情が音読で表現できるようにしていきます。

【中学年】「ごんぎつね」の『おや。』の音読表現につながります。

【高学年】「大造じいさんとがん」の『ううむ。』や『ううん。』の音読表現につながります。

タイミング

物語文の音読の仕方を工夫させたいときに行います。

進め方（遊び方）

① 教師が「今から２つの『はあ』を演技します。どんなときの『はあ』か、当ててね」と伝えます。「Aは、学校から家に帰ろうとして、門を出たけど忘れ物に気づいたときの『はあ』。Bは、たからくじがはずれてしまったときの『はあ』です」

② 教師が、２つの『はあ』を演じます。

③ 「Aはどちらでしょう？」と聞きます。

④ 子どもは、１回目か２回目かどっちの『はあ』なのか答えます。

⑤ 「みんなならこのとき、どんな『はあ』になる？」と発問します。

⑥ 「今度は、先生のかわりに前で演技してくれる人？」と指名します。

ワンポイント！

子どもたちにわかりやすい「はあ」のシチュエーションや、微妙な違いのシチュエーションをいくつか用意しましょう。

178 アレンジ① 「あれ？」って言うゲーム

「はあ」を「あれ？」に変えて行います。

例　A：自信のあった算数の問題の答えをまちがえたときの「あれ？」
　　B：ここに置いてあったはずのものがなかったときの「あれ？」

179 アレンジ② 「おお！」って言うゲーム

「はあ」を「おお！」に変えて行います。

例　A：友だちがピアノの発表会で優勝したと聞いたときの「おお！」
　　B：急に目の前をねこが横切ったときの「おお！」

180 アレンジ③ 「マジで！？」って言うゲーム

「はあ」を「マジで！？」に変えて行います。

例　A：自分が欲しかったゲームを、友だちが買ってもらったという話を聞いたときの「マジで！？」
　　B：録画したはずの番組が、録画できていなかったときの「マジで！？」

181 アレンジ④ 自分たちで決めた「○○」って言うゲーム

「○○」に入る言葉を自分たちで決めて行います。

「同じ言葉でも、読み方によって伝わり方が変わりますね」
「音読のときも、聞く人への伝わり方を意識していけるといいですね」と声をかけて終わるようにしましょう。
また、物語文の中で、教師がこだわらせたい会話文をピックアップしておくことも大切です。
読解の学習の最中に、「『ううむ！』っていうゲームをしよう！」とつなげていくことができます。

182 変容を探せ！

人数 何人でも 場所 教室 時間 10～15分 準備物 絵本

めあて

絵本のお話に出てくる中心人物の変容をとらえます。

学習へのつながり

【中学年】物語のはじめとおわりとでは、中心人物が変容するものであるという読みの構えを作ります。

【高学年】中学年で学んできた、中心人物の変容の復習をし、高学年の物語の学習へと向かっていきます。

タイミング

物語の授業で、「中心人物の変容」を学ぶ前、もしくは後の確認する段階で行います。

進め方（遊び方）

① 中心人物の変容について確認します。
「物語に出てくる中心人物は、マイナスがプラスに変わっていくね」

② 教師が絵本の読み聞かせをします。

③ もう一度絵本の読み聞かせをし、中心人物が変容したと思うところで手を挙げます。

ワンポイント！

黒板にマイナスとプラスを書き、変容を図式化すると、理解しやすいです。また、変容がはっきりしているお話を選ぶとよいでしょう。

183 アレンジ① 続きはどうなる？バージョン

読み聞かせのクライマックス場面の途中まで進めて、「続きはどうなるでしょう？」と続きを想像させます。
その際、はじめの「中心人物のマイナス」を確認し、どんな「プラス」に変容するのかを確認します。

184 アレンジ② きっかけは何だ？バージョン

①②③をアレンジします。高学年となると、中心人物の変容したきっかけをつかませていきましょう。

① 読み聞かせをする前に、「今日は中心人物が変容したきっかけを考えながら聞いてね」と一声かける。
② 読み聞かせが終わったら、中心人物の変容を確かめる。
③ もう一度読み聞かせをし、きっかけだと思ったところで手を挙げます。

185 アレンジ③ 変容を伝え合おうバージョン

中心人物の変容が読み取れる本を各自が選び、ペアで読み聞かせし合いながら、変容を伝え合います。

「どんな変容があったか」ということを頭に入れながら、読み聞かせを聞くというだけで充分です。時間がたくさん取れるときには、「どんな変容だったのか」「きっかけは何か」などを、議論してもいいでしょう。

学年 低 中 高

186 読み聞かせクイズ

人数 何人でも　場所 教室　時間 5～10分　準備物 絵本

めあて

絵本の読み聞かせを通して、物語の学習を読む構えを作ります。

学習へのつながり

【低学年】時・場・人物に気をつけて物語文を読む構えを作ることができます。

【中・高学年】中心人物とその変容に気をつけて読む構えを作ることができます。

タイミング

物語文の学習時、授業のはじめに行います。

進め方（遊び方）

① 教師が「今から絵本を読みます。読み終わったら、登場人物をたずねますよ」と伝えます。

② 教師が、読み聞かせをします。

③ 「登場人物は誰ですか」と発問します。

④ わかったら手を挙げて発表し、板書していきます。
（もしくは、３択クイズにします）

ワンポイント！

たくさんの登場人物が登場する際には、「１人でもいいから答えられるようにしようね」とハードルを下げておきます。また、登場人物とは何かという登場人物の定義をクラス全体で確かめておきましょう。

187 アレンジ① コンプリートバージョン

④をアレンジします。
登場人物を板書していき、すべての登場人物を見つけることができたら、コンプリート！

188 アレンジ② 変容バージョン

変容に焦点を当てたクイズをします。
物語とは、はじめは（マイナス）だった中心人物が、（プラス）になる話であると確かめておきます。「中心人物はだれ？」「はじめにどんなマイナスがあった？」「最後は、どうプラスに変わった？」などのクイズを行います。

189 アレンジ③ 続きを当てましょうバージョン

お話の山場の前で読み聞かせを中断し、「次はどうなっていくと思う？」と予想させます。その際、ただの予想にならないように、中心人物は誰か、中心人物は変容するなどの基本的な読みの視点を押さえておきましょう。

190 アレンジ④ ファンタジー作品クイズバージョン

典型的なファンタジー作品の構成をもった話で行います。中心人物はどこから不思議の世界へ入り、どこから現実世界へ戻るのかということを考えます。ファンタジー作品を学習する前後に行うことで、ファンタジー作品を読む構えをもつことができたり、ファンタジー作品の読み方の復習になったりします。

191 教科書〇〇探し

人数 何人でも　場所 教室　時間 5分　準備物 物語文・説明文

めあて

読解の学習で、着目させたいキーワードなどに目を向けさせます。

学習へのつながり

【低学年】物語文の学習の前に、時・場・人物など、場面を構成する要素に目を向けさせていきます。

【中学年】説明文の学習の前に、くり返し出てくるキーワードなどに目を向けさせていきます。

タイミング

説明文や物語文の学習の前に行います。

進め方（遊び方）

① 教師が「全員立ちます。今から先生の言う言葉を探して見つけたら、『ミッケ！』と叫んでください」と伝えます。

② 教師が「〇〇」と言葉を言います。

③ 子どもたちが本文を読んで、その言葉を探します。

④ 見つけたら「ミッケ！」と言います。その言葉が複数出てくる場合には、全部見つけられるようにします。座るときに、「□（数）ミッケ！」と言います。

⑤ 全員で、その言葉が出てきたところを確認します。

ワンポイント！

くり返し出てくる言葉はキーワードです。その言葉を探させましょう。「いくつかあるよ」の発言から、広げていきます。出てくる所を確認し、くり返し出ることを印象付けます。

192 アレンジ① 新聞記事○○探しバージョン

高学年になると、教科書の文章以外に、新聞でも同じ活動が可能です。①～③と同様の流れで行います。「いつ・どこで・だれが」などの言葉探しを通して、新聞に親しむようにしていきます。写真やグラフなどの非言語テキストに焦点を当てていくことも可能です。

193 アレンジ② ○文字の言葉探しバージョン

特定のキーワードではなく、指定の文字数の言葉を探します。「1、2、3…」とどんどん増やしていくと、文字数の多い言葉探しはレベルが高くなります。

194 アレンジ③ ○音の言葉探しバージョン

アレンジ②と同時に行うことで、文字数と音数のちがいを教えることができます。

195 アレンジ④ 時・場・人物探しバージョン

物語文の学習で行います。
時・場・人物を表す言葉に着目させることによって、場面意識を持つことができます。

「子どもたちに着目させたい言葉は何か？」という視点で、物語文や説明文の文章を読んでいくと、教師の教材研究の視点にもなります。

読解力

196 題名クイズ大会

人数 何人でも　場所 教室　時間 5～10分　準備物 ノート

めあて

題名から想像したクイズを楽しく作ることができます。

学習へのつながり

【低・中・高学年】題名から想像できることを考えた上で、本文の読解を進めていきます。

タイミング

物語文、説明文の学習時、授業のはじめに行います。

進め方（遊び方）

① 物語文（もしくは説明文）の題名を見ます。
② 題名から思いついたことをクイズにします。
③ クイズ大会をみんなで行います。

キツネは
何科で
しょうか？

197 題名連想10(テン)

人数 何人でも　場所 教室　時間 5分　準備物 ノート

めあて

題名から楽しく連想することができます。

学習へのつながり

【低・中・高学年】題名から連想できることを考えた上で、本文の読解を進めていきます。

タイミング

物語文、説明文の学習時、授業のはじめに行います。

進め方（遊び方）

① 物語文（もしくは説明文）の題名を見ます。

② 題名から連想したことを10個書きます。

③ グループで交流します。

198 アレンジ①　かぶっちゃやーよバージョン

③をアレンジします。

③ 連想したことをグループで言っていきます。かぶらなかったことが何個あるのかを数えます。

読解力

199 逆意味調べ

人数 何人でも　場所 教室　時間 5分　準備物 学習する文

めあて

読解に必要な言葉の意味を、クイズを通して知ることができます。

学習へのつながり

【低・中・高学年】読解に必要な言葉の意味を知った上で、本文の読解に進めていきます。

タイミング

読解の学習の前に行います。

進め方（遊び方）

① 教師が、子どもたちがつまずきそうな言葉を、あらかじめピックアップして、その言葉を辞書で調べておきます。

② 教師が「〇〇という意味の言葉を本文から探しましょう」とクイズをします。

③ 教師が正解を発表し、文脈の中で理解させていきます。

ワンポイント！

本文全体から探すのが困難な子どもの実態がある場合や、本文が長い場合は、「〇場面から探してね」「〇段落から探してね」と、範囲を指定して、探しやすくしていきましょう。

200 アレンジ①　3択クイズバージョン

②をアレンジします。

② 教師が「〇〇という意味の言葉は、次の3つのうちどれでしょう」とクイズをします。

ワンポイント

199のアクティビティと同様の進め方ですが、3択クイズにして提示します。

子どもたちが新しい文章を読むとき、意味を把握できない言葉に出合います。それらの言葉を国語辞典で調べる活動があります。

しかし、毎回となると飽きが出てきたり、時間も十分にとれなかったりします。そんなときは、あらかじめ教師が難しい言葉をピックアップしておき、クイズ形式にして提示してみましょう。

コラム　アクティビティ没ネタ集

本書で紹介する国語アクティビティは、アレンジを含めて200個です。

紹介しきれなかったアクティビティ、まだ発見されていないアクティビティは、まだまだたくさんあります。

オリジナルのアクティビティは、いつもスマートに生まれるわけではありません。試行錯誤から生まれます。もちろん教師自身が楽しみながら、です。

ここでは、200には入らなかったアクティビティを少し紹介します。

みなさんも、授業に試行錯誤の「遊び心」を加えてください。

身近なところから、取り入れてみる

「ピ○チュウ書き」

漢字「○書き練習～おもしろ編～」のアレンジです。

「ピカ、ピカ、……」とキャラクターのマネをして、漢字の書き順を覚えていきます。

「3の倍数のときだけ、○○になる漢字練習」

漢字練習のアクティビティ、「世界のナベアツ」（現在は、桂三度（かつらさんど））さんの一世を風靡したギャグを取り入れた漢字練習です。

その名の通り、3の倍数の書き順のときだけ、おどけた口調で言います。

「ゴルゴ○本 書き練習」

漢字練習のアクティビティです。

ペアになり、一人がこれまで習った漢字を体で表現し、もう一人が当てるという漢字練習です。

お笑いコンビTIMのゴルゴ松本さんのギャグといえばわかりますよね。

いつもの活動に、一工夫を加えてみる

「ふり返りランキング」
「書く」で使えるアクティビティです。ランキングを加えました。
授業の終わりに、授業で「大切だな」と思ったところを３つ書き、それを１位から３位までのランキングにします。
自分のランキングをグループで交流すると、さらに深まります。

「ふり返りツイート」
「書く」で使えるアクティビティです。SNS要素を加えました。
授業の終わりに、「大切だな」と思ったことを140文字でまとめます。
140字は意外に短いものです。「書く」に加えて、「要点をまとめる」力もつきます。グループで交流してもおもしろいですね。

「言葉探しぴったんこ」
P.93のアクティビティです。これは、没ではないのですが、例として、紹介します。
ビンゴの要素を加えました。
学習中の単元の文章から指定の言葉を取り出し、ビンゴにします。
例えば、「動きを意味する言葉」「様子を表す言葉」や「気持ちを表す言葉」など。
その指定された言葉を９つ探し集めてビンゴの枠にそれぞれ入れます。教師が、言葉を１つずつ発表して、その言葉があったら「ぴったんこ！」といって印をつけます。ビンゴできたらクリア！

どうですか、新しいアクティビティが考えられそうになりませんか。
ぜひ、ご自身のオリジナルアクティビティで、子どもたちに力をつけましょう！

参考文献

- 『小学校国語　クラス全員が熱中する！話す力・書く力をぐんぐん高めるレシピ50』
  弥延 浩史／明治図書出版／2014年刊

- 『場面や目的に応じた１分・３分・５分でできる学級あそび　105』
  菊池 省三／喜楽研／2019年刊

- 『論理的思考力を鍛える超シンプルトレーニング―人気国語塾発！「３つの型」で驚異の効果！』
  福嶋 隆史／明治図書出版／2010年刊

教材・教具

- 『はぁって言うゲーム』
  米光 一成：ゲームデザイン／白坂 翔（JELLY JELLY GAMES）：企画／幻冬舎edu

おわりに

こんにちは、佐藤司です。

『国語アクティビティ200』はいかがでしたか。

国語の授業が少し好きになった、もっと好きになったと感じてもらえれば嬉しく思います。

私自身、国語の授業をする中で、足りないものがあることに気がつき始めました。それは、「遊び心」です。算数や理科、社会の授業では、何かしら遊び心をもって、おもしろく、子どもをアクティブにさせようという気持ちが働いていましたが、国語にはそれが少ないことに気がつきました。

算数は６年間の学習の系統が見事にはっきりしています。国語は、最近でこそ学習の系統化が言われ始めましたが、まだまだ算数ほどはっきりとしているわけではありません。

また、算数や理科、社会は、「わかった！」「できた！」という実感をもちやすいですが、国語は、それもあいまいです。せいぜい、「漢字が書けた！」くらいでしょうか。

系統のつながりが見えにくく、実感が得られにくい……。こんなながで「遊び心」を持って授業をするのは難しいですよね。

これらの問題を解決する手段の一つが、国語アクティビティです。

アクティビティで活動のねらいをはっきりとさせ、子どもたちに確かな国語の力をつけられます。しかも、「動的におもしろく」です。

国語アクティビティに取り組んでみて、子どもたちだけではなく、先生も楽しんでいたのではないでしょうか。これこそが、大切なことなのです。子どもたちが楽しめるのはもちろんですが、授業者である私たちが「遊び心」をもって、楽しく国語の授業の時間を過ごすことができれば、子どもたちも国語を好きになってくれるのではないかと思っています。

「はじめに」に登場した樋口少年も、この国語アクティビティを体験していたらどうなっていたでしょうか。ひたすら書き続ける漢字練習ではなく、遊び感覚の国語アクティビティの漢字練習を体験していたとしたら……樋口少年は、国語が好きになり、今頃は国語教師樋口万太郎になっていたかもしれません。(笑)

ひとつ気をつけてほしいことがあります。
楽しいだけではなく、より効果的に取り組むために、授業者（先生）が
「子どもたちにどんな力をつけたいのか明確にしてほしい」ということです。目的を持って取り組まなければ、ただの遊びになります。

『国語アクティビティ200』では、「学習へのつながり」という項目があります。つけたい力を明確にして、子どもたちの「わかった！できた！」につなげていきましょう。これから行おうとする単元で、「適切なアクティビティはないかな？」という目で、本書をご覧になると有効です。

また、紹介したアクティビティに取り組んで、子どもたちが盛り上がったもの、そうでなかったものもあったかもしれません。子どもたちの実態に合わせて、先生が子どもと一緒にアレンジしてみてください。

国語の授業は、
「何を教えていいのかわからない」
「子どもたちの『わかった！』『できた！』という感触が少ない」
そんなことを感じることがあります。この本を手に取って
「国語が苦手」だと感じていた先生が「国語を楽しい」と感じるように、
国語を楽しんでいる先生は、もっと楽しめるようになるように
その一助となれば幸いです。

最後になりましたが、企画の持ち込みのときから温かく見守っていただき出版に至るまでお力添えいただきましたフォーラム・Aの藤原幸祐様には大変お世話になりました。この場を借りて心よりお礼申し上げたいと思います。

佐藤司

樋口　万太郎（ひぐち まんたろう）

1983年大阪府生まれ。
大阪府公立小学校、大阪教育大学附属池田小学校を経て、2016年より京都教育大学附属桃山小学校教諭。
「笑顔」「子どもに力がつくならなんでもいい！」「自分が嫌だった授業を再生産するな」をモットーに日々の授業を行っている。

朝日新聞「花マル先生」掲載
全国算数授業研究会　幹事
関西算数授業研究会　会長
授業力＆学級づくり研究会　事務局
MATH LABO！　代表
学校図書教科書「小学校算数」 編集委員

【著書や編著】
「子どもの問いからはじまる授業！」「これでどの子も文章題に立ち向かえる！算数授業づくり」（学陽書房）「そのひと言で授業・子供が変わる！算数７つの決めゼリフ」（東洋館出版社）「『あそび＋学び』で、楽しく深く学べる　算数アクティビティ200」（フォーラム・A企画）他多数

佐藤　司（さとう つかさ）

1982年大阪府生まれ。
大阪府公立小学校勤務。
「わかった！」「できた！」の積み重ねで、「国語が好き！」という子どもを育てたいという思いをもって、国語の授業を行っている。

夢の国語授業づくり研究会　幹事
関西で国語の授業を研究する会　事務局

【共著】
「小学校国語説明文の授業技術大全」「365日の全授業小学校４年」
「授業力＆学級経営力」（明治図書）「子どもがどんどんやる気になる国語教室づくりの極意　国語授業編」（東洋館出版社）他多数

200
200

「あそび＋学び」で、楽しく深く学べる

国語アクティビティ200

2020年４月10日　初版　第１刷発行
2022年２月10日　　　　第３刷発行
著　者　樋口万太郎・佐藤　司　©2020
発行者　面屋尚志
発行所　フォーラム・A企画
〒530-0056　大阪市北区兎我野町15-13
TEL　(06) 6365-5606
FAX　(06) 6365-5607
振替　00970-3-127184

デザイン　ウエナカデザイン事務所
イラスト　むかいえり
印　刷　尼崎印刷株式会社
製　本　有限会社立花製本
制作編集担当　藤原幸祐

ISBN978-4-86708-000-9　C0037
乱丁・落丁本は、送料小社負担にてお取り替え致します。